ALBERT LONDRES

LE CHEMIN DE BUENOS-AIRES

(LA TRAITE DES BLANCHES)

ALBIN MICHEL, ÉDITEUR
PARIS — 22, RUE HUYGHENS, 22 — PARIS

Il a été tiré de cet ouvrage
25 exemplaires sur vergé pur fil
Vincent Montgolfier
numérotés de 1 à 25

LE CHEMIN DE BUENOS-AIRES

DU MÊME AUTEUR

SUIVANT LES HEURES.
L'AME QUI VIBRE.
LOINTAINE.
LA MARCHE A L'ETOILE.
AU BAGNE.
DANTE N'AVAIT RIEN VU (BIRIBI).
CHEZ LES FOUS.
LA CHINE EN FOLIE.
TERRE D'ÉBÈNE.
LE JUIF ERRANT EST ARRIVÉ.

LE CHEMIN DE BUENOS-AIRES

I

OÙ JE TROUVE LE CHEMIN DE BUENOS-AIRES

Et je m'assis à la terrasse, chez Batifol.

Batifol est un bar, faubourg Saint-Denis.

Si je n'avais eu rendez-vous, j'aurais pu m'attabler n'importe où dans ce quartier, et ç'eût été aussi bien pour la chose qui m'intéressait.

Mais j'attendais Jacquot. Jacquot était le frère de Nono. C'était Armand qui me les avait présentés.

Jacquot, Nono, Armand sont des hommes *du milieu.*

Jacquot arriva. Il avait mis un faux col :

— Cela ne vous gêne pas de traverser la rue ? J'ai un regard à jeter à la Madelon.

C'était un bal musette tenu par des Auvergnats. Jacquot voulait voir si sa femme se permettait de danser au lieu de travailler sur les boulevards.

On entra à la Madelon.

« Zinc » dès la porte. Tables au milieu. Bastringue au fond. La femme de Jacquot était assise, seule, à une table. On venait de lui apporter une boisson rose qui s'appelle « diabolo ». Elle allait danser.

Jacquot s'approcha et, d'assez loin, il fit : « Et alors ? »

L'enfant se retourna. Elle était blonde et fragile un peu. Elle se leva et, dans un petit sourire, elle dit à Jacquot : « Je viens de m'asseoir. »

Elle ne se rassit pas. Elle ne but pas son diabolo. Elle s'en alla, loin de la danse, vers son devoir et les grands boulevards.

— Elle a une bonne mentalité, me dit Jacquot, c'est une petite femme tout ce qu'il y a d'honnête, mais ne la surveillez pas, et vite elle s'adonne aux plaisirs !

Nous allâmes nous accouder au « zinc ».

Plusieurs messieurs y prenaient des Vittel-menthe.

Je voudrais bien savoir pourquoi tous ces messieurs aiment tant cette boisson couleur d'eau verte ? Ce n'est là qu'un détail.

— Un ami ! fit Jacquot, me présentant.

J'en étais à mon quatrième Vittel-menthe quand un beau monsieur poussa la porte.

Il venait certainement de s'échapper de la vitrine d'un tailleur. Je tournai autour de lui, cherchant le prix du costume. « L'échappé » avait dû marcher trop vite, l'étiquette était tombée en route. Il était frais comme un porc.

Son nom était Riquet, puisqu'en entrant il dit :

— Voici Riquet !

On lui serra la main. J'appris qu'il était arrivé du matin. Il avait fait un beau voyage. Il rentrait avec de nombreux « sacs ».

— Des sacs de quoi ? demandai-je à Jacquot.

— Un « sac » c'est mille francs !

Riquet avait réussi. Il venait « en remonte ».

Je ne suis pas fâché de me faire valoir. Cette fois je n'ai pas besoin de Jacquot pour expliquer le terme. Je ne suis, sans doute, qu'un débutant dans le *milieu*, mais un débutant qui a des dispositions. « Venir en remonte » c'est rentrer en France chercher des femmes que l'on exportera.

— Et d'où vient-il. D'Egypte ?

— Mais non ! monsieur Albert, l'Egypte n'est pas grand'chose, il vient du grand marché.

— De la Villette ?

— De Buenos-Aires !!

Nous quittâmes la Madelon au septième Vittel-menthe.

Il était cinq heures, les collègues devaient être là. On alla chez Batifol.

Ils étaient là, debout, comme si le cafetier les payait pour qu'ils ne s'assoient pas. Ils se promenaient des billards au comptoir. Ils allaient quelquefois sur le pas de la porte ; ils rentraient vite. Je les entendais parler de « pesos ».

— Deux mille pesos ! Cinq mille pesos ! disaient-ils.

C'était la monnaie de l'Argentine.

— Dis donc Jacquot, fit l'un des hommes debout, j'ai un mot à te dire. Quand on a des relations comme celles que tu as, il faut prévenir. Je te connais. Mais soigne mieux tes fréquentations.

— Qui ? René ? Il a été régulier avec toi. Tu laisses tomber la môme. Il le sait. Il t'en touche un mot. Il te l'achète cent thunes.

— Je ne discute pas le prix. Pour un morceau pareil c'était bien payer.

— Qu'est-ce que tu discutes ?

— Il me « taquine ». Il va dire que la môme valait cinq cents thunes, que je ne savais pas l'habiller, qu'il allait la préparer pour Buenos-Aires.

— Tu la lui as vendue. Elle est à lui. Tu n'as plus rien à y voir.

— J'ai à voir qu'on me respecte. Pour Buenos-Aires une claquée pareille ! Je la connais. C'est moi qui l'ai « débutée ». Plus souvent sur le flanc que sur ses petits pieds ! Je te dis qu'il ne l'emmènera pas à Buenos-Aires.

— Et s'il l'emmène ?

— Alors ce sera cinq cents thunes, tu peux le lui dire. Monsieur est avec toi ? On prend un Vittel-menthe ?

Il ne se passa plus rien jusqu'à dix heures du soir.

A cette heure-là, je faisais claquer la porte d'un taxi devant le numéro 300 du boulevard de Belleville. J'allais à la Tonnelle. Pour ceux qui dansent c'est un bal musette. Pour moi c'était une faculté. Je me rendais là régulièrement, faire mes études, comme un futur carabin va tous les jours à l'hôpital.

Mon professeur s'appelait Armand. Il exerçait, séant, à la Tonnelle.

Je pris le passage. Je descendis les escaliers, puisque j'allais au sous-sol. Sur le palier, l'agent de police me regarda passer une fois de plus. J'avais fait travailler la cervelle de cet homme.

Il avait déjà confié sa perplexité à Armand.

— Ne vous tourmentez pas, monsieur l'agent,

lui avait répondu Armand. Ce n'est rien du tout. C'est une espèce de piqué qui ne sait pas ce qu'il veut. Je lui parle comme ça pour le calmer. S'il fait du bruit, c'est moi qui le sortirai. Ce n'est pas à vous, un brave père de famille, à trancher ces histoires. Un petit bock, monsieur l'agent ?

La Tonnelle : bar ovale sous l'escalier, salle longue flanquée de tables et de bancs, les deux cloués au sol pour qu'ils ne s'envolent pas au souffle des bagarres. Rien que des casquettes ! Et puis l'orchestre, de rose habillé, et qui éclaire par sa musique le cœur obscur des débutantes qui ont dîné d'un café crème.

— Bonsoir Armand !

Une pomme est une pomme. Un homme respecté n'est pas toujours respectable. Armand est un maquereau. C'est ainsi. Il est ce qu'il est, mais il l'est. Je sais ce qu'il fait. Il sait ce que je fais. Il a confiance en moi. J'ai confiance en lui. D'homme à homme.

— Les quatre que vous voyez à la deuxième table, eh bien ! c'est comme moi !

Quand Armand me présentait un collègue, il disait : « Un tel : comme moi ! »

— Ils arrivent de Buenos-Aires. Ils sont tout chauds, ils fument encore. Allons les renifler.

Il m'amena à la table.

— Voici qui vous savez, dit Armand, poussez-vous qu'on s'assoie !

Ils buvaient du champagne. Ils avaient des mines à manger du rosbif et des habits à croquer des ortolans. Ils parlaient de Montevideo, de Buenos-Aires. L'un habitait le quartier Belgrano:

— C'est Passy là-bas !

Les deux autres étaient à Palermo.

— C'est l'Etoile, là-bas !

Ils parlaient de Rosario, de Santa-Fé, de la Cordillère des Andes, de Mendoza, à la frontière du Chili.

— Où as-tu ta femme ?

— J'ai ma femme à Buenos-Aires, une môme à Mendoza, une autre à Rosario.

Il venait en chercher une quatrième.

— J'ai des dents pour quatre biftecks ! Tu ne vois rien pour moi, dans ton bal, Armand ? Un traînard (fille qui n'appartient à personne), qui aurait de la conduite ?

Ils parlaient de cent pesos comme leur mère, naguère, d'un sou.

Cent pesos : quinze cents francs !

— Ma femme fait cent cinquante pesos par jour. Les deux mômes en font autant. Donne du champagne, eh ! petit !

— Vous revenez tous de Buenos-Aires ?

— Pas lui (ils désignaient le plus jeune). Lui n'a pas encore voyagé.

— Je n'ai que vingt-trois ans ! hein ? Quatre ans de prison — et de centrale ! J'irai comme vous autres !

Ils parlaient de la police de l'Argentine.

— Elle nous coûte cher, mais parfois elle est commode !

Celui qui avait dit cela s'appelait Fifi-la-Commande. Il expliqua ce qu'il avait dit :

— Voilà cinq mois, un client m'enlève ma femme.

— Tu as toujours eu des femmes sans conduite, fit Armand.

— Je confie l'affaire à qui de droit. Je promets deux cents pesos de récompense. Les « vigilants »[1] partent en chasse. Ils retrouvent la mignonne. En route ils lui disaient : Allons, plus vite, plus vite, on te ramène à ton homme. Donne du champagne, petit !

Ils parlaient de passeports.

Ils parlaient de paquebots !

Il ne se passa plus rien jusqu'au lendemain trois heures de l'après-midi.

A cette heure-là, j'étais assis boulevard Mont-

1. Policiers argentins.

martre, à la terrasse non plus d'un bar, mais d'un établissement cardinal appelé Mazarin. Je n'étais point seul. Le chef de la police des mœurs à la Sûreté Générale était avec moi. Je l'avoue. Quand il s'agit de trouver mon foin je mange à tous les râteliers. Cet homme éminent, surprenant, étonnant et épatant a nom Bayard. C'est lui qui surveille tous les chevaliers. On n'est pas sans peur quand il approche ! Je commandais un Vittel-Menthe quand Bayard me fit une observation fort juste :

— Vous ne buvez plus que des Vittel-menthe. Demain vous sortirez vêtu d'un costume impeccable. Après-demain vous aurez des billets de mille en vrac dans les deux poches de votre pantalon. Parce que vous êtes là-dedans depuis quinze jours il ne faut pas croire que c'est déjà arrivé.

Je demandai deux cafés crème. Nous parlâmes de ces messieurs.

— Nous allons en voir passer des quantités. J'appellerai les plus intéressants ou ceux que vous voudrez.

— Eh ! quand vous les appellerez ils s'enfuiront.

Bayard a des mouvements mesurés. Il tourna doucement les yeux de mon côté puis il appuya sur mon inexpérience un regard condescendant et pas pressé.

— Voulez-vous que je fasse signe à celui-là ?

Il me plaisait. Il marchait doucement pour ne rien perdre du spectacle offert par Paris. Son costume était brun et lui aussi.

L'homme fut un peu étonné, mais il s'approcha tout de suite.

— Prenez un verre avec nous.

— C'est moi qui vous offre, monsieur Bayard.

Il s'assit.

— Il pourrait vous raconter de jolies histoires s'il voulait.

— Moi ? Je ne sais rien, monsieur Bayard.

— On ne vous demande pas des précisions, ce que vous avez fait la nuit dernière, par exemple.

— Je n'ai rien fait la nuit dernière, monsieur Bayard. Pas plus bourgeois que moi. Couché à onze heures.

— Vous pourriez nous dire votre dernier voyage à Buenos-Aires.

L'homme sourit. De sa poche à revolver il tira un étui d'argent. Les cigarettes qu'avec grâce il nous offrit, étaient d'Egypte. On les fuma.

— Pour bientôt ce nouveau petit départ ? fit Bayard.

L'homme leva des yeux indécis. Mais il ne put porter son regard jusqu'au ciel. La tente du café lui coupa la vue...

— On aura toujours trinqué ensemble, fit le chef de la police des mœurs.

— Avec honneur pour moi, monsieur Bayard.

L'homme à l'étui d'argent reprit sa route.

— C'est pour vous montrer leur silhouette. Ils ne se livrent pas au premier venu. Enfin ! ça vous les fait connaître.

Soudain :

— Hep ! fit Bayard. Hep ! oui, venez un peu ici !

— Avec plaisir, monsieur Bayard. Vous allez bien ?

— Alors vous m'avez assez vu, mon ombre gêne votre marche élégante.

— Que voulez-vous dire, monsieur Bayard ?

— Je ne vous plais plus ? Il faut peut-être que je laisse pousser mes moustaches ou que je m'habille chez votre tailleur ?

— Je vous assure, monsieur Bayard.

— Il se peut que j'aie dérangé l'ordonnance de vos « colis » pour votre petit voyage à Buenos-Aires. Mais si j'avais l'esprit taquin ce jour-là, cependant ?

— Monsieur Bayard, je ne comprends pas.

— Hier soir vous étiez au café-tabac rue Lepic, et à neuf heures et demie vous avez dit : je lui ferai la peau à Bayard. Tu veux des témoins ?

L'homme serra les dents — il pensait *aux témoins.*

— Je vous demande bien pardon, monsieur Bayard. Si je l'ai dit je l'ai dit, mais ce n'était pas l'expression de ma pensée réfléchie. Vous me connaissez, vous, monsieur Ba...

— Va-t'en mon petit gars, va te promener, tu ne pourras trouver plus belle journée qu'aujourd'hui !

Il en passait toutes les cinq minutes.

Bayard appela Siméon. C'était le plus élégant du défilé. Il devait rire de se voir si beau en son miroir.

— Vous voyez, monsieur Bayard, je me promène, et combien tranquillement. Vous savez que je suis en liberté provisoire. Ce n'est pas bien ce que l'on m'a fait. C'est du mal. Ils m'ont arrêté au débarquement à Bordeaux. J'ai purgé deux mois. Il y a des juges heureusement dans notre belle France. Je ne suis sorti que depuis avant-hier. Je vous remercie, monsieur Bayard, vous ne m'avez pas chargé. Vous comprenez la justice. Voulez-vous un perroquet ? Enfin ! qu'est-ce que j'ai fait ?

— Tu as emmené un faux poids. (Un faux poids est une fille qui n'a pas vingt et un ans).

— Ne dites pas cela, monsieur Bayard.

— Siméon ! Siméon !

— Non, monsieur Bayard. Ai-je ou n'ai-je pas le droit d'aller à Buenos-Aires ?

— Siméon !

— Pas plus correct que moi sur le bateau. Voilà qu'entre Santos et Montevideo on découvre une gosse dans le poste des chauffeurs. Je la voyais pour la première fois, je le jure sur la tête de ma mère qui est en Algérie, mon pays natal comme vous savez ! Pourquoi d'abord aurais-je emmené un faux poids.

— La jeunesse tente les hommes nouveaux dans les pays neufs.

— A un an près ! monsieur Bayard. Vingt ans, vingt et un ans ! n'est-ce pas toujours de la belle jeunesse ? Si je me sentais coupable pourquoi serais-je revenu en France ?

— Pour en chercher une autre...

Siméon tournait le dos au boulevard. Il déplaça sa chaise, regarda Paris qui passait :

— Me faire de la misère dans un si joli pays ! Tout ce qu'on voit ici est beau. Tout ce qu'on boit, tout ce qu'on mange est bon. On entend rire ! Là-bas ! c'est pour des chiens pas difficiles.

A quatre heures et demie, en me quittant, Bayard me dit :

— Etes-vous content ? Je crois que cela va bien ?

— Cela ne va pas du tout, je ne vois, depuis quinze jours, que le lever du rideau.

— Entendu, mais la pièce est à quinze mille kilomètres.

Il se passa quelque chose entre quatre heures trente et cinq heures trente.

A Paris il est une maison magnifique. Elle est sise boulevard Malesherbes, N° 3. On admire dans sa vitrine un grand bateau à trois cheminées. C'est un beau jouet pour les voyageurs. Puis, quand vous entrez, vous voyez des images en couleur, avec des bateaux dessus, encore. La salle est très jolie, des comptoirs en acajou sont dans le fond. Derrière ces magnifiques comptoirs se tiennent des messieurs employés qui sont bien gentils, bien souriants, et bien élevés. Ils vous demandent ce que vous désirez, et quand cela est fait ils se coupent en quatre morceaux pour aller plus vite dans tous les coins afin de vous l'apporter.

De cette maison on part de tous les ports. Par Hambourg et par Anvers et par Le Havre et La Pallice et par Marseille et par Bordeaux. La belle maison ! Elle s'appelle Compagnie Sud-Atlantique ou : Compagnie des Transports Maritimes, ou encore : Compagnie des Chargeurs Réunis. Chargeons !

A cinq heures trente j'étais sur le trottoir et j'avais la Madeleine dans le dos. Je regardais un beau billet, un billet de passage. Il était bleu et, dessus, était écrit : *Le Havre-Buenos-Aires*, départ 3 septembre. Ce billet était à moi.

En route !

II

LES PASSAGERS DE BILBAO

Pourquoi empêcher les gens de faire ce qu'ils veulent sur un bateau ?

Je commence par dormir. Et j'estime que c'est mon droit.

Je dors deux jours, trois jours, quatre jours, cinq jours ! Une fois on m'a dit que j'avais dormi sept jours. On a dû me dire la vérité.

Le tout, au début, est de bien viser le garçon de cabine.

Il entre chez vous pour vous faire des grâces, il veut savoir pourquoi vous ne vous levez pas.

Vous saisissez votre oreiller, vous serrez les dents et, fleuq !! vous lui collez l'objet de literie sur la figure.

Il ne revient plus.

Vous pouvez dormir en paix.

Et vous vous réveillez quand vous vous réveillez.

Cette fois ce fut en Espagne. Je n'avais sans doute pas beaucoup sommeil ?

Le bateau ne se balançait plus. Je regardai par la fenêtre.

Il faisait beau. La terre était proche. Le mousse astiquait les cuivres sur le pont.

— Quelle est cette ville, petit ? Est-ce La Pallice ?

— C'est Bilbao !

J'avais tout de même dormi trois jours !

J'étais sur une place de Bilbao et je me promenais le long des taxis en station. Il y a certainement autre chose à voir à Bilbao, mais c'était mon goût, à cette heure. Un couple s'avança vers un chauffeur et l'homme expliqua en espagnol qu'il désirait se rendre au bateau français. La petite femme tenait le monsieur par le bras, avec un visible plaisir.

— Pour le « Malte » ? leur dis-je. Moi aussi ! On peut prendre le taxi ensemble. Etes-vous français ?

Ils l'étaient !

— Vous allez à Buenos-Aires ?

Ils y allaient.

J'en tenais deux !

L'homme faisait dans les trente-cinq ans. La jeune fille dans les dix-neuf. Lui était brun, de beaux yeux bleus innocents. J'aurais volontiers changé son costume gris contre le mien. Il avait l'air gentil. La jeune fille était déjà teinte. Ses cheveux étaient de ce blond que seules possèdent les brunes. Elle avait de petites taches de rousseur sur son petit nez, un petit nez droit dans une petite figure qui n'était pas de travers. Grande comme il fallait, et surtout pas du tout l'air méchant. On l'aurait embrassée autant qu'une autre.

— Nous avons le temps, dis-je, le bateau ne part qu'à six heures.

— Le port est à huit kilomètres, fit le monsieur.

— Je le sais. Je suis du bord.

La jeune fille me demanda si le bateau bougeait. Je lui dis l'ignorer parce que j'avais dormi tout le temps. Elle voulut savoir si j'étais malade. Je lui fis remarquer que je n'en avais pas l'air. Elle me dit qu'en tout cas, elle, ne dormirait pas, parce que c'était son premier voyage. Je lui demandai si c'était son voyage de noces. Elle ne sut quoi répondre, mais elle regarda son compagnon avec un vif contentement.

— Oui, c'est son premier voyage. Elle ne donnerait pas sa place à une autre !

Elle me dit qu'ils venaient de Saint-Sébastien, qu'ils y étaient restés trois jours et que c'était joli, joli. J'aurais pu leur demander pourquoi ils étaient venus s'embarquer à Bilbao, mais je le savais : c'était pour éviter la police française. On alla à leur hôtel chercher les bagages. C'était le plus beau de la ville. La jeune fille le regardait avec reconnaissance. Qui lui eût dit, naguère, qu'elle serait la cliente d'un pareil établissement ? que les garçons, au lieu de la tutoyer, la salueraient ? Elle était en Espagne. Elle allait à Buenos-Aires. Elle ne savait pas où se trouvait Buenos-Aires, mais elle me confia que son ami le savait.

L'auto roula. Nous étions comme tous les passagers du même bord, qui, sans se connaître, ne se quittent plus. On allait au bateau. Il lui dit qu'elle avait de la chance, que, non seulement elle voyait l'Espagne, mais qu'à ce moment même il y avait une révolution. Alors, demanda-t-elle, j'ai vu aussi une révolution ? Je confirmai qu'elle avait vu une révolution. Elle trouva tout magnifique sur le chemin, les arbres, les tas de cailloux, les vaches. Elle était très mignonne.

Le bateau était en rade. Elle fut heureuse de le voir. Elle n'aurait su dire s'il était beau, vilain, grand, petit. Elle n'en avait jamais vu d'autres ! On prit une barque. Pour la première fois, l'enfant allait sur la mer. Elle eut peur un peu. Quand elle aperçut les quatre cent cinquante émigrants qui grouillaient dans l'entrepont elle s'écria : Il y a tant de monde que ça ?

— Tu croyais peut-être que j'avais commandé un yacht *particulier* ? lui dit l'homme aux beaux yeux bleus.

Et il la hissa sur la coupée.

Le bateau leva l'ancre pour un voyage de vingt-quatre jours.

On les voyait sur leur pont, au-dessus des émigrants, au-dessous des premières. Elle ne faisait pas de bruit. Il était correct. Pendant qu'il reposait l'après-midi, allongé sur sa chaise de paquebot, elle lui faisait les ongles. Après elle cousait. Elle jouait aussi avec les enfants. On l'avait surnommée : la Galline (Gallina dit le latin : poule). Les enfants qui parlaient selon leur cœur l'appelaient : mamita : petite maman. Ils avaient failli manquer le bateau à Porto. Etaient-ils restés en contemplation devant la magnifique vieille cité qui s'élève comme un cheval se cabre ? Avaient-ils trop bu de vin topaze ? Ils faisaient des signes sur une petite barque qui se dépêchait alors que le *Malte* filait déjà. Le *Malte* stoppa. Et ce fut très joli de voir ce courrier français interrompre sa marche parce qu'il avait oublié la Galline et son galant.

Lui s'appelait Lucien Carlet. Son passeport portait : commerçant. Elle, Blanche Tuman, son passeport : couturière. La couturière avait vraiment du goût pour le commerçant. Les soirs, quand chacun avait regagné sa tanière, ils allaient de bâbord à tribord, comme de nouveaux amants. Officiellement, ils ne voyageaient pas ensemble. Elle était dans une cabine, lui dans une autre. Aussi prolongeait-elle les soirées le plus possible. Elle se penchait pour l'embrasser aux lèvres. Lui ne se penchait jamais.

Il ne lui refusait cependant rien.

Aux îles Canaries il lui offrit du vin de Malvoisie. Elle le trouva délicieux. Il lui en acheta six bouteilles. Elle le fit boire aux petits enfants des émigrants parce qu'elle était bonne. A Dakar elle eut trop chaud. Je dus venir au secours de Lucien Carlet. Ils étaient assis au café Métropole quand je passai. Il m'appela. Elle croit, dit-il, que plus nous descendrons, plus il fera chaud. Ecoutez, charmante jeune fille, figurez-vous qu'il y a un fourneau, là. Eh bien ! nous sommes devant, mais en nous éloignant, nous le sentirons moins. Elle comprit fort bien. Et je pus courir à mes affaires. Trois jours plus tard on passait l'équateur. La pauvre Galline sut ce qu'il en coûtait de n'être qu'une petite poule. Les matelots en fête la saisirent pour la baptiser. Comme la piscine, dans la circonstance, s'appelle « chaudière », ils traînaient ma *couturière* tout le long du bateau en hurlant : A la chaudière ! à la chaudière ! Ils la plongèrent tout habillée dans l'eau salée.

Il la promena à Rio de Janeiro.

Le lendemain soir, je la vis sur le faux pont qui pleurait.

Au départ de Santos j'empoignai Lucien Carlet.

— Voici, lui dis-je, nous allons au bar, on sera mieux. Nous allâmes au bar des troisièmes. Voici. Vous êtes un homme du milieu. Moi...

— Oui, je sais. Vous allez en Argentine étudier la traite des Blanches. Les garçons de votre salle à manger m'ont renseigné.

— Alors le travail est fait. J'ai besoin de vous.

— A votre disposition, mais je suis un homme tranquille.

— C'est-à-dire?

— Je ne me mêle de rien. Je ne « fréquente » pas à Buenos-Aires. Je ne devais même pas y retourner. Ma femme le juge utile.

— La petite qui est sur le bateau ?

— Mais non ! Celle-là n'est qu'une môme. Je parle de ma femme, enfin la vraie, celle qui m'a déjà gagné douze cent mille francs.

— Quel âge a-t-elle donc ?

— Vingt-quatre ans. Encore un an et je la tiendrai quitte. Elle aura mérité ses galons. Nous ne sommes pas des ambitieux. On achètera un bar à Marseille et ce sera la vie bourgeoise. Je vous la présenterai à Buenos-Aires.

C'était l'un de ces soirs où, abrutie de chaleur, la mer elle-même était à plat.

— Va chercher aux secondes une bouteille de champagne, dit le millionnaire au boy annamite. Il faut qu'on se remonte.

— Eh bien ! et la petite, qu'est-ce que c'est ?

— Une occasion. Je n'étais pas venu « en remonte », j'étais en France depuis quatre mois. Je traînais pour ne pas retourner là-bas. En dehors de la France vous savez bien que tous les autres pays c'est rien de bon pour habiter. Je pensais que ma femme qui est si raisonnable se passerait de moi. Mais elle s'ennuyait de son petit homme. Je devais faire un sacrifice. Puisqu'il fallait revenir je ne pouvais revenir à vide. Quand on a un métier, il faut le respecter. J'ai cherché un « lot ».

C'était à la terrasse du café Napolitain. J'étais

assis. La gosse passa. Je l'invitai. Elle était mal habillée, avec des souliers usés. Je vis tout de suite que c'était une rien du tout, et qui mangeait sans jamais savoir un quart d'heure avant si elle mangerait. Je l'ai emmenée dîner. Je me suis occupé d'elle. C'était malade, ça avait la gale. Le lendemain je l'ai conduite chez le médecin. C'était une fille qui paraissait avoir une bonne mentalité, c'est-à-dire docile, pas féministe ; je lui ai acheté des chemises, parce qu'elle n'en avait qu'une. Deux robes, des bas, des souliers, un parapluie. Je la faisais manger à midi et le soir. Vous pensez qu'elle était contente.

Puis un jour, je lui ai dit que je m'en allais. Il fallait la voir pleurer. Elle me demanda pourquoi je m'en allais. Je lui ai dit que je partais pour l'Amérique.

— C'est-y que tu ferais la traite des blanches ?

Je lui ai répondu que je faisais la traite des noirs.

Il rit.

— Si tu veux venir, lui dis-je, je t'emmène, tu ne me quitteras pas puisque je te plais. Qu'est-ce que tu faisais ici ? Tu feras la même chose là-bas. Ici tu n'es qu'une malheureuse. Là-bas tu seras une rupine. Ici tu as peur de ne pas manger. Là-bas tu auras peur d'engraisser. Comprends-tu, tête sans cerveau !

Et puis je l'avais prise.

— Elle n'a pas vingt et un ans ?

— Dix-neuf ! je crois, mais j'ai paré le coup. Je l'emmène avec les papiers de sa sœur. Tenez, voilà une chose pour vous. Savez-vous ce qu'elle fait, sa sœur ? Elle est religieuse.

— Fumiste !

— Elle est sœur Saint-Vincent-de-Paul à l'hôpital civil de X... Je ne pourrai peut-être pas vous servir une histoire pareille tous les jours, mais pour celle-là ! parole d'homme !

Cette servante de l'amour partant faire son métier avec l'état civil de la servante de Dieu, cela valait un second verre de champagne. Il était tiré. On le but.

— Vous l'avez rossée, hier ? Elle pleurait.

— Hier je l'ai prévenue. On arrivera dans deux jours à Montevideo. Elle descendra. L'heure était venue de l'instruire. Je lui ai dit que j'avais déjà une femme à Buenos-Aires, qu'elle ne serait que ma fille d'amour, comme nous disons, ou mon « doublard », si vous préférez. Cette explication aboutit toujours à des pleurs et à des taloches. Maintenant c'est fini, on est d'accord. Voulez-vous avoir son avis ? Dis donc, boy, va chercher la jeune fille qui est avec moi, tu sais ?

Le boy ramena la galline.

— Bois ce verre, dit-il. Et regarde ce monsieur, c'est un copain. On le reverra. Dis-lui un peu ce que tu penses de moi.

Elle se pencha sur lui :

— Je t'aime, Lu-lu, je ferai tout pour toi !

III

ARRIVÉE

On descend les « colis » à Montevideo.

C'est la jolie petite capitale riche et calme de la République orientale de l'Uruguay.

Les colis, ce sont des femmes. Ainsi parlent les gens du milieu.

Il y a des colis de dix-sept à vingt kilos, c'est-à-dire des femmes de dix-sept à vingt ans. Ces colis-là n'ont pas le *poids*. Ils nécessitent de faux papiers. On les embarque aussi clandestinement. Les gens du milieu ont des complices sur tous les bateaux. Quand ce n'est pas dans le personnel « garçons » c'est dans le personnel « officiers ». Je sais très bien ce que je dis. A mes amis les officiers de la marine au long cours qui se froisseraient de l'affirmation, je répondrais que cela ne me gêne pas quand on arrête un publiciste qui vend des légions d'honneur ou qui fait chanter ces messieurs du monde ou de la Finance. Les « colis » clandestins voyagent à leur manière. On en trouve dans le fond habillés en chauffeur. Lors des inspections les complices les cachent dans une chaudière éteinte, dans une manche à air, dans le coffre à bouées, dans le tunnel de la machine. Ces colis-là sont fragiles, aussi ne voient-ils jamais le jour pendant tout le voyage. On ne leur donne de l'air que la nuit quand les lumières sont basses et les étoiles sont hautes.

Ces faux-poids sans passeport et sans billet ne s'arrêtent pas toujours à Montevideo. Ils continuent jusqu'à Buenos-Aires. Là, le bateau reste huit jours. On a le temps de les faire filer. Quand les filles sont découvertes et qu'elles ne sont pas « mignonnes », les autorités sud-américaines les rembarquent sur le même paquebot. Mais on n'a *jamais* vu une jolie *Franchucha* (expression argentine qui signifie à la fois Française et fille de mauvaises mœurs) ramenée à bord. Je comprends assez bien cela.

En dehors de ces cas, le débarquement s'opère à Montevideo.

Je ne dirai pas que l'Uruguay est un pays francophile. Il n'y a pas de pays francophile. Et c'est bien ainsi. Le jour où nos seigneurs auront compris cela, notre diplomatie aura fait un grand pas dans la science des relations internationales. Mais ce n'est pas la question.

Et l'Uruguay a des gestes gracieux à notre égard. Ainsi pour descendre sur ses terres le Français n'a pas besoin de visas.

De plus ses fonctionnaires ne sont pas aussi bêtes que les autres fonctionnaires du reste de l'Amérique — du Nord au Sud bien entendu. Aussi bêtes ou aussi fripouilles.

Ils ne viennent pas avec un coutelas afin de vous ouvrir le ventre pour voir si la longueur de votre appendice est bien conforme à la longueur de l'appendice réglementaire, faute de quoi vous ne sauriez fouler sans la ternir la terre délicate et désormais nationale où leurs grands-pères, pieds et mains sales, ont débarqué comme bouviers.

L'Uruguay offre un autre avantage : c'est le *Mihanovitch*.

M. Mihanovich était Polonais. Il est venu jadis dans ces régions du Sud. Il a fait fortune et même il est mort. Cependant il a laissé des bateaux de rivière qui sont éclairés comme un casino et qui vont et viennent sans autre prétention sur le Rio de la Plata. Ils partent tous les soirs que fait le Créateur, à dix heures de Montevideo et de Buenos-Aires, et, tous les matins, que doit faire également le Créateur, ils arrivent à huit heures à Buenos-Aires et à Montevideo.

Sur les *Mihanovitch* on n'a pas l'air d'un grand voyageur, mais d'un voisin qui rend visite à son voisin.

Et la police vous laisse en paix.

Ainsi vont les petites femmes de ces messieurs, de l'Uruguay en Argentine.

Le *Malte* entrait à Montevideo.

Depuis le matin Lucien Carlet ne parlait plus à Blanche Tuman. Il passait devant elle comme s'il ne la connaissait pas.

— C'est idiot, tout le monde sait bien que vous êtes avec la gosse !

Il me répondit qu'il savait ce qu'il faisait.

— Je lui ai appris sa leçon, me dit-il. Allez la voir, vous me direz si elle l'a bien retenue.

— Quelle leçon ?

— Ce qu'elle doit dire aux policiers, ce qu'elle doit faire.

La Galline était sous les armes. De petites armes. Chapeau noir, robe noire, valise à côté d'elle. Par sainte Marie-Madeleine sa patronne, elle n'était pas fière ! Je la remontais. Elle m'assura qu'elle avait très peur.

— Voyons, que direz-vous aux policiers qui vous appelleront dans le bar pour vérifier vos papiers ?

— Je ne leur dirai rien. S'ils me parlent, alors je leur dirai que je vais chez ma tante qui est couturière et qui habite... Tenez ! je ne sais plus. J'ai oublié ce qu'il m'a dit. Je n'aime pas mentir. Qu'est-ce que je vais faire ?

Je fis un signe à Lu-lu qui tout de même s'approcha :

— Où habite-t-elle ma tante ? j'ai oublié.

— Posito ! A Po-si-to, tu as compris. Répète un peu. C'est une plage tout près d'ici. Répète, je te dis.

— Je vais pleurer !

— N. de D. ! fit Lu-Lu, et il s'en alla.

Le bateau accostait.

Il y avait sur le quai quelques barbeaux français. Ils seraient volés aujourd'hui. Pas de colis pour eux. Ils devaient le savoir, mais ils venaient à tout hasard, par habitude. Lu-Lu leur fit un léger signe d'amitié. Ils répondirent discrètement. La liaison était bien organisée.

La police s'installa au bar des premières.

Les passagers pour Montevideo y étaient aussi. Et du pont, Lu-Lu, par une fenêtre, surveillait sa marchandise.

Vint le tour de la pauvre Galline. Les policiers

prirent son passeport. Elle tremblait. Lu-Lu, tout à fait dégoûté de la faiblesse féminine, regardait la scène en se mordant la lèvre. Un policier interrogea l'enfant. Ce fut du beau ! Elle parla de sa tante, d'une plage qui était par là... Ah ! l'innocente !

C'est à ce moment que je vis une chose qui ressemblait à la décision suprême d'un général en chef devant l'ennemi. Lucien Carlet, ayant tout compris, quitta son poste d'observation, entra dans le bar, marcha sur la police et dit :

— Pourquoi lui faites-vous des difficultés à cette jeune fille ? C'est moi qui suis chargé de l'aider dans son voyage. Elle est timide. Elle ne sait pas vous répondre. C'est la première fois qu'elle quitte sa famille. Elle vient ici chez sa tante qui est couturière à Posito.

— Comment s'appelle cette tante ? demanda le policier.

— Comment s'appelle-t-elle votre tante, fit Lu-Lu ? Madame Beaumartin, je crois ?

— Oui, madame Beaumartin.

— Il faut le dire, voyons, puisque ces messieurs vous interrogent. Ils ne vous demandent pas cela pour vous faire du mal. Votre passeport n'est-il pas en règle ?

S'avançant vers le fonctionnaire qui tenait le papier :

— Il est en règle.

Se tournant vers la petite :

— Vous aviez aussi votre certificat de bonnes vie et mœurs ? Où est-il ? Il faut le donner, voyons ! Ah ! quelle enfant !

Elle sortit de son sac le certificat. Il avait été obtenu grâce aux papiers de la sœur de Saint-Vincent-de-Paul !

— Et quelle est l'adresse exacte de votre tante ?

— Elle est aussi dans votre sac, fit Lu-Lu. Vous me l'avez montrée et sa lettre également. Remettez-vous. Cherchez tranquillement.

Elle trouva cette lettre. Elle y était appelée : Ma chère petite nièce. « Si je ne suis pas au bateau, y lisait-on, c'est que je n'aurai pu arriver à temps de Posito où j'ai beaucoup de travail. Fais-toi conduire Hôtel Solis. J'irai t'y chercher dans la journée. »

Une grande admiration me saisit en l'honneur de Lucien Carlet et de ses collègues. Voilà des organisateurs !

Les policiers avaient fait leur devoir. Le « colis » portait les cachets réglementaires. Les autorités apposèrent le visa de sortie.

Le soir, au départ de Montevideo, Lucien Carlet n'était pas à bord.

Cependant ses bagages occupaient encore sa cabine.

— Il s'est fait arrêter, dirent des personnes qui ne connaissaient rien à la vie. Elles ajoutèrent : c'est bien fait !

A quatre heures de l'après-midi, le lendemain, le *Malte*, vapeur de quinze mille tonneaux, français, appartenant à la flotte des Chargeurs Réunis, venant de Hambourg par Anvers, Le Havre, La Pallice, Bilbao, Vigo, Porto, Ténériffe, Dakar, Rio, Santos, Montevideo, entrait, commandé par Emile Gaultier Du Marache, dans la passe droite du port de Buenos-Aires, trente-six degrés sud de latitude.

Lucien Carlet était sur le quai et nous attendait. Une femme l'accompagnait.

— Ce n'est pas la même ! s'écrièrent les voyageurs. Il en a du toupet !

Les voyageurs profitèrent de l'occasion pour me demander discrètement quel plaisir j'avais pu trouver dans la fréquentation d'un pareil oiseau.

Je leur dis que je venais en Argentine uniquement pour vivre avec lui et ses pareils.

Alors ils s'en allèrent du côté de leurs bagages.

Et voici maintenant ce qui se passa :

Les autorités de la République latine et Argentine trouvèrent ma personne indésirable. Je leur répondis que je n'avais jamais eu la prétention d'inspirer du désir. Ils ne me comprirent pas. Il me manquait quantité de pièces. D'abord je n'avais pas trempé mes quatre doigts et le pouce dans de la pâte d'encre, ainsi j'arrivais sans mes empreintes digitales. Je leur fis remarquer que j'avais tout de même des empreintes digitales, mais qu'au lieu de les déposer sur un papier je les avais conservées au bout des doigts, pour être plus sûr, ajoutais-je, de ne pas les égarer. Ils ne goûtèrent pas l'explication. De plus, j'osais voyager sans l'extrait de mon casier judiciaire, ce qui leur prouvait surabondamment qu'il me manquait une case. Enfin ils voulurent savoir si je connaissais quelqu'un à Buenos-Aires qui pût au moins répondre de moi. — Non, leur répondis-je, moi je n'ai pas de tante ! Ils prirent sans doute cela pour une injure personnelle. Ils devinrent plus méchants. — Que venez-vous faire, que venez-vous faire à Buenos-Aires ? Je leur répondis que je venais voir les maquereaux. Ils me demandèrent de répéter ce que je venais de dire. Alors je répondis : Je viens voir les maquereaux, en vérité.

Ces messieurs se consultèrent. Ils mirent mon passeport dans une grande serviette noire comme leur âme, leurs ongles et leurs cheveux. Je leur fis remarquer qu'ils manquaient de logique. Vous me reprochez, dis-je, de ne pas avoir assez de « pièces » et vous me « barbotez » la seule que je possède. Ils me répondirent que c'était leur droit. Je leur répondis que si leur droit était également de me prendre ma chemise, j'allais la leur remettre avec le faux col et les boutons. En tout cas, firent-ils, vous ne débarquerez pas. Ils envoyèrent chercher un gardien. Le gardien arriva. Son père étant allemand, sa mère étant française, ses grands-pères étant, l'un italien, l'autre syrien, et ses grand'mères l'une portugaise, l'autre polonaise, mon geôlier était un parfait Argentin.

J'étais prisonnier. Ils s'en allèrent.

Je dois dire que mon âme n'était pas profondément émue. Ce n'était pas encore des Chinois de cette rivière-là qui m'empêcheraient de faire mon métier. J'en appelle à vous tous, vieux compagnons de route, nous n'avons peut-être pas appris grand'-chose au cours d'une vie qui aurait gagné à mieux être employée mais, par Mercure, en voit-on deux comme nous pour prendre un train, sauter d'un bateau et peigner notre courte barbe au nez des polices internationales ?

Là-dessus j'allais au bar où les cocktails étaient servis frais.

J'appris ceci : la Compagnie des Chargeurs Réunis était responsable de moi. Elle paierait à l'Etat argentin deux mille pesos-or d'amende si l'on ne me retrouvait pas sur le bateau. Deux mille pesos-or : soixante mille francs ! Hum ! Je ne valais pas ça ! Après tout, je n'étais pas l'héritier de la Compagnie des Chargeurs Réunis.

Lucien Carlet monta à bord chercher ses bagages.

— C'est une blague ! dit-il. On ne vous laisse pas descendre ?

— Non !

Alors, le trafiquant de femmes qui, lui, foulait librement le sol argentin, me dit :

— Ne bougez pas. Je vais arranger ça.

Il partit à terre demander ma grâce.

Il l'*obtint*.

C'est une assez belle histoire, je crois.

IV

À LA RECHERCHE DES HOMMES DU MILIEU

Eh bien ! cela c'est Buenos-Aires.

Comme je vous le dis ! Nous y voici. Et il n'y a pas de quoi en perdre la respiration. C'est une capitale. C'est même la capitale de la République Argentine. Je ne dirai pas le contraire.

Il y a là deux millions d'habitants. Ils s'y trouvent bien. Tant mieux !

Je ne dissimulerai rien. Même pas la rue de vingt-deux kilomètres. Elle y est. Qu'elle y reste. Elle s'appelle Rivadavia. Ai-je fait ses vingt-deux kilomètres ? J'ai essayé. Au quatorzième je suis revenu, définitivement écœuré de la ligne droite. Il faut être ivre pour concevoir vingt-deux kilomètres en ligne droite. C'est une bien grande ville que Buenos-Aires.

C'est Capharnaüm multiplié mille fois par Capharnaüm.

Elle est la première de l'Amérique du Sud. Cela est bien vrai.

Elle tient dans le cœur des Argentins la place que le soleil tient dans le ciel ! C'est la lumière.

En effet, que de lumières ! Les maisons sont festonnées d'ampoules électriques. Le jour on dirait qu'elles sont atteintes d'une éruption pustuleuse. C'est très joli. C'est argentin.

Ce qu'il y a de plus beau c'est l'effort. Ce qu'il y a d'injuste c'est le résultat. Cependant ce n'est pas si mal. Ses maisons sont plus jolies qu'à Paris. Sont-elles assez sales les maisons à Paris ! Mais ce ne sont pas toujours les maçons qui font les villes. Je crois plutôt que c'est le peuple qui les habite.

Par saint Albert mon patron, je n'ai jamais vu personne ni rire ni sourire, ni flâner, ni méditer, ni attendre, attendre quelque chose ou même n'attendre rien du tout dans les rues de Buenos-Aires. Les premiers jours je ne pouvais m'empêcher de retenir les passants par le pan de leur veston. Pas si vite ! leur disais-je, vous arriverez toujours assez tôt à la tombe ! Ils ne comprenaient pas et cela m'attirait des désagréments.

Ou bien, ils étaient assis à des terrasses devant un *café con lèche*. Ce n'est pas un café qu'on lèche, mais un café avec du lait. Et que faisaient-ils à ces terrasses ? La tête d'un Français qui reçoit sa feuille d'impôts.

— Souriez, leur disais-je.

Ils ne m'obéissaient pas. L'intonation du photographe me manquait, sans doute.

Quant aux femmes elles étaient surtout dans les maisons de leur mari ou de leurs père et mère. Tous ces hommes allaient sans femme, buvaient sans femme, mangeaient sans femme. Les mâles inondaient la ville.

J'étais dans le centre, mais où étaient mes hommes du *milieu* ?

J'ouvris mon carnet et je vis que je devais d'abord me rendre 445 Cerrito. J'avais un plan de Buenos-Aires. Il faudrait être un individu infiniment remarquable pour circuler sans plan dans Buenos-Aires. C'est un nid d'abeilles. C'est fait comme un radiateur d'automobile. Les alvéoles s'appellent *cuadres*. Cuadre veut dire carré. Ce sont des carrés parfaits de cent mètres de côté. Buenos-Aires est un interminable champ où l'on a planté des maisons, hectare par hectare. D'étroits sillons séparent chacun de ces hectares bâtis, ce sont les rues. Parcourir Buenos-Aires n'est pas marcher, c'est jouer aux dames avec ses pieds. On se croit un pion que l'on pousse à angles droits, sur un damier.

La Cerrito était à onze cuadres de là. J'y partis. La voici. Voici le 445 : LIBRAIRIE FRANÇAISE.

C'est cela.

Je flaire le lieu. Il ne sent pas mauvais. Les livres que l'on y vend sont tout ce qu'il y a de plus catholique : René Bazin ! Henri Bordeaux ! Ah ! ça ! m'aurait-on trompé ? Une librairie, passe ! je le savais, mais des livres pour jeunes filles. Enfin ! J'en verrai d'autres ! Pierre Mille, Edouard Estaunié. Bien. Et voilà tous mes vieux amis : Jean Vignaud, Henri Béraud, Edouard Helsey et Pierre Benoit et Dorgelès ! Salut camarades ! Mais je suis étonné de vous trouver ici. Si vous saviez ce que je viens y chercher ? Victor Margueritte ! Ah !

Francis Carco ! Galtier Boissière, tiens ! tiens ! C'est mieux ! Je brûle ! Entrons !

Les journaux de mon pays sont là, aussi. *Le Temps !* Oh ! Et je vois le mien, qui est le *Petit Parisien,* comme chacun sait. Eh bien ! mon journal va dans de jolis endroits ! Voilà le *Journal.* Voici même l'*Echo de Paris.* A qui se fier ? Le *Petit Marseillais.* Tonnerre ! voici la *Croix !* Un remous se produit dans mon cerveau. Je perds mon assurance. Mes informateurs de Paris ont dû se moquer de moi. Le libraire finit par me demander ce que je désire.

Des dames faisaient des achats dans le magasin. Je regardais le libraire. Je regardais les dames. Non ! je ne pouvais pas dire ce que j'avais à dire. Je lui achetai le *Courrier de la Plata.*

Je n'avais pas fait quinze mille kilomètres pour acheter le *Courrier de la Plata.* J'avisai le libraire. Je l'entraînai dans un coin :

— Voici, est-ce vous le patron ? Bien. Je viens pour une chose spéciale. Votre librairie est le rendez-vous des Français trafiquants de femmes...

Ce fut du joli ! Je m'y attendais.

— Calmez-vous !

Je voyais un libraire en fureur. Un libraire ou un éditeur en fureur c'est un beau spectacle pour un misérable auteur. On peut toujours espérer qu'ils en mourront !

— Vous êtes leur poste restante. Leurs lettres sont adressées ici. Ici ils viennent les chercher. J'en sais presque autant que vous. Si vous ne vous étiez pas fâché je me serais expliqué, déjà. Voulez-vous que je m'explique ?

— Alors passons ici.

C'était une arrière-boutique. Des livres occupaient les chaises : des Giraudoux, des Morand, des François Mauriac. Je ne pouvais pourtant pas m'asseoir sur ces messieurs.

— Patron, puisque vous vendez des livres, peut-être me connaissez-vous ? C'est moi qui fis les histoires sur la Guyane et Biribi.

— *Ils* ont tous acheté ça.

— Vous voyez ! tout ira bien. Cela vous montre aussi que je ne suis pas un « poulet »[1]. Maintenant je viens travailler dans le « milieu ».

— Vous venez de Paris ?

— Ji !

Il sourit. Moi aussi.

— Mes personnages se réunissent chez vous. J'ai besoin de les rencontrer. Il faut que je mette la main sur André Flag, Vincent le Négro et Pierre Lassalle.

— Ecrivez-leur. Je ferai parvenir la lettre. Cela je puis le promettre. Rien de plus.

Le libraire me donna du papier, de l'encre. Mes trois lettres furent semblables :

« Monsieur,

« Si Laurent Vigier dit l'Elégant, votre ami, a tenu sa promesse, vous savez qui je suis et pourquoi me voici à Buenos-Aires.

« La lettre de l'Elégant ne vous est peut-être pas encore parvenue ; dans ce cas le libraire de Cerrito vous parlera de moi.

1. Poulet : policier dans l'argot du milieu.

« Mon but est d'étudier la traite des Blanches. Je ne puis le faire que si je pénètre dans votre milieu. Voulez-vous être mon introducteur ? Je vous pose la question en toute confiance. En toute confiance, je pense, vous y répondrez. Votre ami Vigier m'a dit à Paris : « Il fera pour vous là-bas ce que j'y ferais moi-même. » J'attends votre rendez-vous et je vous salue naturellement.

« Mon adresse : Hôtel du Midi 25 de Mayo, 363 B.-Aires. »

Là-dessus je partis pour l'Idéal-Bar. C'était à l'angle de Corrientès et de Libertad. On y buvait dans des verres ronds une mixture réconfortante appelée Cubano. L'ivrognerie ne guidait pas mes pas, mais Lucien Carlet, le Lu-Lu de la Galline, l'homme du bateau, m'y attendait.

Il me sourit de ses beaux yeux bleus.

— Je vais vous faire assister à une petite scène du Milieu. J'ai laissé la gosse à Montevideo, vous le savez. Maintenant il faut l'amener à Buenos-Aires. Ma femme ira la chercher.

— Elles vont s'arracher les cheveux et peut-être les sourcils !

Il calma mes appréhensions.

— N'y a-t-il jamais de jalousie entre vos femmes ?

— Un peu. Mais je suis au milieu et cela suffit. Avec nos femmes, comprenez-le, il faut que nous arrivions à ce qu'elles répondent toujours, — quelle que soit notre demande : oui, mon petit homme.

Il me montra un carnet avec une photographie de la Galline et l'empreinte d'un pouce. C'était la cédule d'identité qu'exige la Républica Argentina.

— La petite est encore en Uruguay et vous avez sa cédule pour l'Argentine ?

— Nous possédons des relations.

— Mais l'empreinte du pouce ?

— Un pouce vaut un pouce. Venez chez moi. Ma femme n'est pas prévenue. Il faut qu'elle se prépare. Je l'envoie ce soir par le *Mihanovitch*.

Palermo, quartier chic. Il avait sa maison là.

Les « maisons » à Buenos-Aires ne sont habitées que par une seule femme. Une servante qui ne doit pas avoir moins de quarante-cinq ans y est tolérée.

Il sonna. On nous ouvrit.

— Où est Madame ?

— Occupée.

— Dites-lui qu'elle se dépêche.

On entra dans la salle à manger.

— Il y a encore deux personnes au salon, Monsieur, vint dire la moins de cinquante ans.

— Renvoyez-les.

C'était très propre.

— Eh bien ! fit madame Lu-Lu qui apparut peignoir battant... (Elle le referma en me voyant.) tu renvoies les clients ?

— Mon compagnon du bateau, fit Lu-Lu, me présentant.

J'avais devant moi la femme qui lui avait gagné douze cent mille francs. Elle n'était pas haute pourtant !

— Habille-toi. Vite ! Vite ! Tu pars tout à l'heure pour Montevideo.

— Et ma maison ?

— Je te ferai remplacer.

— Choisis bien. Ne prends pas n'importe qui. Il ne faut pas qu'on vienne abîmer ma clientèle.

— Habille-toi ! Habille-toi !

— Oui, mon petit homme.

Elle ne traîna pas.

Nous voici dans le taxi : elle, sa valise et nous deux.

— Alors je vais la chercher, dit-elle.

— Tu la trouveras hôtel Solis. Voici sa cédule d'identité. Combien as-tu d'argent ?

— Deux cents pesos peut-être.

— Ce n'est pas assez. Voici 500. (7.200 fr.) Vous passerez la journée ensemble. Et vous reprendrez le *Mihanovitch* demain soir. Soyez sérieuses à Montevideo toutes les deux. Pas de complications !

— Bien sûr ! on ne va pas travailler au cours d'une journée de vacances !

— Par hasard s'il y avait de l'ennui, tu irais trouver Jean le Barman. Mais il n'y en aura pas. Embrasse ton homme.

Elle me demanda s'il avait été amoureux de l'autre sur le bateau. Je répondis que je l'espérais bien.

— Est-elle jolie ?

— Mignonne !

Elle tira l'oreille de Lu-Lu. — Qu'il s'amuse, dit-elle. Il est un homme, c'est pour avoir une vie heureuse. Et puis, si elle est jolie, ce sera meilleur pour les affaires ! Tu seras plus riche, mon mignon.

Ah ! pensais-je, dans notre milieu, plus un homme a de femmes, plus il est pauvre et dans le leur, plus il est riche !

— Sois gentille avec elle surtout !

— Lu-Lu, c'est seulement moi ta femme quand même.

Nous étions à la Boca.

Ah ! la Boca, nous vous décrirons ça ! Le *Miha-*

novitch serti d'une incomparable parure d'ampoules électriques, comme un bal Tabarin flottant, brillait seul sur le Rio de la Plata. Si les Argentins osaient ils se promèneraient une ampoule électrique au derrière.

L'auto s'arrêta.

— Allons, va ! fais voir comme tu es grande.

D'un petit talon claquant cette nouvelle Galline, née à Valence (Drôme), France, partit pour la République orientale de l'Uruguay chercher l'autre Galline née à Vannes (Morbihan), France.

V

VACABANA DIT LE MAURE

A Vacabana dit le Maure.

« J'ai écrit à trois de vos collègues, André Flag, Vincent le Négro, Pierre Lassalle. Ils ne m'ont pas répondu. Peut-être ne savent-ils pas écrire ?

« J'ai entendu parler de vous au bagne comme d'un chef, d'un homme intelligent. Vous étiez déjà « en évasion ». Vous êtes ici à Buenos-Aires. Vous recevez votre courrier, Cerrito 445.

« Je viens, cette fois, étudier la traite des Blanches.

« Flag, Le Négro, Lassalle font le mort. Vous, voulez-vous m'aider ?

« Le gouvernement français ne m'a pas chargé

de vous apporter à tous une décoration, c'est certain.

« Je veux voir clair dans ces histoires de trafiquants de femmes. C'est tout.

« C'était peut-être trop pour Flag, Le Négro, Lassalle. Et pour vous ?

« Mon adresse est Hôtel du Midi 25 de Mayo 363.

« Je vous demande un rendez-vous. Et je vous salue au nom de vos malheurs. »

Et j'avais été porter cette lettre chez le libraire.

Ce matin Gagneux, propriétaire de l'Hôtel du Midi, me barra le chemin dans son couloir. — Hier, de six heures à minuit on vous a téléphoné toutes les heures. Un nom impossible : Rabavaca.

— Vacabana ?

— Il resonnera à onze heures. Ne partez pas.

Il était moins dix.

Onze heures. La sonnerie. C'était pour moi.

— C'est moi, répondis-je. Vous êtes Vacabana ? Enfin, vous, au moins, vous vous montrez. Venez déjeuner avec moi.

— Non ! Je désire vous inviter.

— C'est un détail. Venez.

— Dans cinq minutes.

Et je sortis devant la porte, le nez au soleil austral.

Une auto déboucha de Corrientès et s'engagea 25 de Mayo. Elle s'arrêta Hôtel du Midi. Jamais cet hôtel, d'un ordre que je n'ose numéroter, n'avait dû voir si riche équipage. Le propriétaire de la voiture descendit. Il était grand, beau garçon, brun, mat. Elégant. De l'aisance. Il me regarda. Je le regardai. Il retira son chapeau. Il vint sur moi. — Monsieur Londres ? demanda-t-il.

— Vacabana alors ?

— Oui. C'est moi. Je suis entièrement à vous. Voulez-vous monter avec moi ?

Le chauffeur, en uniforme, tenait ouverte la portière. Je crois bien que je n'avais pas imaginé cela. Enfin, je mourrai avant d'avoir tout vu !

— Allons !

Et nous montâmes dans la *Packard*. Elle fila vers Palermo.

Mes premiers mots ne purent être qu'une interrogation. Me tournant vers le parfait gentleman :

— Vacabana dit le Maure ? demandai-je comme si j'avais besoin qu'il me confirmât son identité.

Les deux paumes de mains offertes, il avoua :

— Le Maure !

Il reprit :

— Avant tout — excusez-moi — comment avez-vous su que j'étais ici ?

— Simplement. J'ai passé ma matinée d'hier à la Préfecture de police. Entre nous, il est très gentil le préfet.

— Puisse-t-il l'être longtemps !!

— On m'a promené dans beaucoup de bureaux. J'arrive chez M. Roberto Vimez, quatrième étage, chef de la police internationale, chargé de la traite des blanches. Vous le connaissez ?

— Il doit me connaître.

— Un beau cadre ornait son mur. Il contenait des photographies. On lisait sur le cadre : Dangereux évadés de la Guyane Française. Je m'approchai.

— Faites attention à mon chauffeur.

Baissant la voix :

— Vous étiez au milieu, à la place d'honneur. Mais hier je ne vous connaissais pas. Votre nom seul me frappa. Je me souvins alors d'histoires assez merveilleuses que l'on m'avait contées à votre sujet, là-haut ! (De Buenos-Aires la Guyane est en haut !) Panama ! Votre hôpital modèle ! Vos galons de commandant mexicain ! Celui-ci, me dis-je, me répondra peut-être.

De la Préfecture je sautai chez le libraire. Je lui

demandai s'il recevait votre correspondance. Je dois lui rendre justice : il hésita. Une lettre ! lui dis-je, une seule !

— Apportez-la !

Pour sa peine je lui achetai le *Courrier de la Plata.*

— Alors je suis dans le milieu du cadre ?

— Tel que je vous vois.

— Merci !

— Maintenant, dis-je, à mon tour. D'abord où allons-nous ?

— J'ai pensé qu'une promenade d'une heure par ce beau matin du Sud...

— Bien.

— Va dans le bois et marche lentement.

A la voix du maître le chauffeur inclina la tête.

— Ecoutez-moi.

Je lui dis le but de mon voyage. J'ajoutai :

— Comprenez-vous ce que je veux ? Vivre parmi eux. Etudier leurs mœurs obscures comme s'ils étaient des insectes et que je fusse un peu savant. Descendre dans leur milieu comme je monterais dans la lune pour dire après ce qui se passe dans ces profondeurs. Etes-vous l'homme à enfoncer la porte ?

— Je suis cet homme. Nous allons marcher, voulez-vous ? Nous promener dans la Roseraie. La voiture nous attendra là.

— Bonne idée !

— Monsieur Albert, je dois vous dire d'abord, que moi, je ne suis pas un homme du milieu. Je n'en « *prends* » pas là comme ils disent, comme je disais jadis et, mon Dieu ! comme parfois je dis encore ! Cependant vous ne pouviez mieux tomber. Dans une vie comme la mienne on a tout fait, tout vu et, malgré soi, parfois, punition qui vous poursuit sans doute, même si l'on n'agit plus, on voit encore ! Quand on a longtemps halé les chalands ensemble, sur la Volga, il vous reste toujours quelque chose d'un batelier. Ceux que vous désirez voir je les connais. Ils me respectent. Chacun a sa légende. J'ai la mienne. Si l'on vous a dit que j'étais leur chef on vous a trompé. Les Polonais, eux, qui font ici le même métier, ont un chef ; les Français n'en ont pas. Que suis-je pour eux ? Je suis de bon conseil, c'est le mieux que je puisse dire. Je leur évite des coups maladroits. Je leur inspire d'heureuses décisions. J'ai été paria plus profondément qu'eux. Je leur dois les leçons de ma lente misère. Quand on a su remonter des fonds où seul, j'ai pu me voir — les regards des hommes ne plongent pas si bas — on est bon guide pour les insensés qui, sans le savoir, y descendent.

Qu'elles sont belles ces roses ! C'est le sourire innocent de Buenos-Aires. Ah ! la pureté des roses !

Je vous mènerai chez eux. Vous y serez chez

vous. Vous les verrez se débattre, s'enrichir, se cacher, se montrer. On vous présentera aux femmes comme un frère. Vous pourrez ouvrir l'âme de celles qui en ont une. Je suis humain comme doivent l'être, il me semble, les petits bourriquots d'Afrique que l'on fait tant souffrir. On les bat parce qu'ils sont ce que je fus : têtus et bêtes. Comme eux je suis bon. Si vous découvrez du mal, faites-le cesser. J'ai bien peur que vous ne soyez déçu ! La vérité des choses ne s'accorde pas toujours avec les principes des religions ou des sociétés. Il ne sera peut-être pas moral de trouver des heureuses où vous cherchiez des victimes. Si cela était ? C'est avec les microbes que l'on fait les vaccins. De l'exploitation méthodique du mal, s'il sortait du bien ? Vous jugerez.

On regagnait la voiture.

— Maintenant, me dit-il, voulez-vous bien considérer comme mort Vacabana et même Le Maure ?

Il tira une carte de son portefeuille :

— Je me présente.

Et je lus : Camille Fouquère [1], Importador.

Le chauffeur ouvrit la portière. L'importador donna un ordre en espagnol.

— Nous allons passer par les magasins. Nous

1. Ici l'auteur fait usage d'un faux nom.

irons ensuite déjeuner dans mon appartement, avec ma femme et mon enfant. Vie double, vous voyez, tragique quand je songe à la femme et à l'enfant. Eux ne connaissent que Camille Fouquère.

En exagérant, et pour mieux marquer mon étonnement, je dirai que « ses » magasins étaient de vastes galeries : Meubles anciens, tableaux, pianos, marbres et bronzes. Dix employés, caissières, deux téléphones... Il savourait ma stupéfaction. De la casaque de Saint-Laurent du Maroni au patronat de Buenos-Aires ! Il était beau de pouvoir embrasser secrètement l'horizon d'une pareille carrière. On m'avait conté d'aussi merveilleuses histoires. J'en voyais une. Je revoyais aussi ceux qui, les ayant vécues, étaient revenus sur le Maroni... Je ne vous le souhaite pas, Vacabana.

La *Packard* nous conduisit à son domicile particulier.

— A las très, dit-il au chauffeur.

Voici madame Camille Fouquère. Je dis madame parce que c'est une dame.

L'enfant, un garçon de trois ans.

Je sens que lui, l'évadé, est un peu chaviré.

Dans ses magasins, il n'avait éprouvé que l'orgueil de l'œuvre accomplie.

Ici, devant moi, témoin muet, son cœur recevait un choc plus impérieux.

Le mortel fleuve de la Guyane passait de nouveau lentement devant ses yeux.

C'est moi, l'invité, qui, sans en avoir l'air, pris le cocktail sur le plateau de cuivre rouge, rouge comme la terre de là-bas ! et lui passai le verre.

Sur la cheminée, une photographie. Je la reconnais ! J'avais vu la même, aussi ressemblante, hier matin !

Ah ! madame Camille Fouquère, que la bonté de Dieu vous garde d'aller jamais au quatrième étage de la Préfecture de police, dans le bureau de M. Roberto Vimez.

Il y a un cadre...

VI

VICTOR LE VICTORIEUX COMMENCE SON RÉCIT

Vacabana dit le Maure a tenu parole.

Je suis dans le milieu.

Le soir, à six heures, nous arrivons dans Esmeralda.

C'est la sixième rue parallèle au fleuve.

Décidément Buenos-Aires a juste autant de fantaisie qu'une géométrie : parallèles, perpendiculaires, diagonales, carrés. Les habitants eux-mêmes n'ont pas le droit d'être ronds dans les rues. Elle me fera prendre une crise de nerfs cette ville-là ! En revanche, il convient de dire que de tous les architectes qui l'ont conçue, aucun n'est mort d'un transport au cerveau !

Dans Esmeralda il est un café, comme les autres. Le Maure, pourtant, me conduisit là.

Ils y étaient.

Ventre-Saint-Gris ! Belle assemblée !

Il y avait les envoyés spéciaux du faubourg Saint-Denis et du faubourg Saint-Martin. Marseille était représentée aussi. Il est réconfortant, loin de sa Patrie, de rencontrer des compatriotes !

Impression imprévue : ici, *ils ne choquaient pas*. Ils ne semblaient pas, comme à Paris, d'assez étranges individus. En France, dans les milieux populaires, ces citoyens font tache. Ils font tache dans le monde bourgeois. Quant à les confondre, malgré leurs habits, avec le haut du pavé, il n'y faut pas songer. A Buenos-Aires, ils s'harmonisent admirablement avec l'ensemble du paysage argentin...

Comme un musicien retrouve toute sa gamme en saisissant son instrument, je revoyais la collection complète de mes héros. Do, ré, mi, fa, sol, la, si, do ! Pas un ne manquait ! La gueule d'amour, le beau costaud, l'impérieux petit crevé, le brun et mat méditerranéen, le gros voyou en costume de fin gigolo, l'homme du monde que l'on ne recevait que lorsqu'il n'y a plus de monde, le sympathique et le méchant.

Le Maure parla bien.

Il dit son fait à Vincent le Négro qui se trouvait là et n'avait pas « daigné » me répondre. Je savourais, comme il convenait, cette justice que je n'eusse espérée aussi immanente.

Il leur demanda s'ils comprenaient ce que je désirais d'eux. Mes personnages ont quelques défauts ; en tout cas, ils n'ont pas l'esprit lent. Ni ceux qui voulaient bien m'aider, ni ceux qui ne le voulaient pas. Je passai dans le camp des premiers. Paix sur les autres ! ou guerre, à votre choix !

Ils venaient de Paris ou de Marseille. Dans cette « église » là, il n'y a que ces deux évêchés. Ils étaient de tous les âges, de vingt-deux ans à cinquante ans. Je ne parle que de ceux qui sont encore en activité. Il y en avait de bien, il y en avait de laids. Ceci me fit entrevoir que le métier de *caftane*[1] n'est pas ce que l'on imagine. Chez l'homme qui le pratique, ce qu'il faut de spéciale, ce n'est pas la tête, mais la mentalité. J'aurais pu être caftane, tout vilain que je sois. Quelques-uns de mes amis, encore plus vilains que moi, eussent pu être caftanes également. Cela, croyez-le, m'apparut comme assez réjouissant.

Eux-mêmes s'appellent des voyous. Ils emploient ce mot dans le sens d'anarchiste. Leur anarchie n'est pas politique mais sociale. En politique ils aiment les gouvernements sérieux, pondérés qui font le commerce prospère. Je les ai entendus applaudir

1. Caftane, mot dont les Argentins se servent pour désigner les hommes qui vivent des femmes.

à la réapparition de M. Poincaré Raymond. Ils lui accordaient leur confiance. C'est comme je vous l'affirme.

Ces anarchistes détestent le désordre. Leurs goûts sont effrontément bourgeois. Ils raffolent des pantoufles, des parties de cartes, de la chasse, de la pêche à la ligne. Leur rêve est une maison de campagne sur les bords d'une eau douce.

Ils veulent avoir cela sans travailler. Ils n'ont pas la peur du travail, ils en ont le mépris. Ils traitent de « demi-sel » ceux des leurs qui font un second métier. Si ces derniers travaillent dans la limonade ou le restaurant ce sont des « ragouts ». Il n'y a pas plus bas !

C'est la seule caste de la société qui ait eu confiance dans l'avenir de la fainéantise. Ces novateurs se sont dit, avec l'Ecclésiaste, que le travail étant la punition de l'homme, ils ne travailleraient pas. Pour eux, la question est d'honneur. S'ils ne font rien ce n'est pas uniquement par paresse, c'est tout juste pour la même raison que l'honnête homme ne vole pas, afin de ne pas avoir des remords de conscience.

Telle est la signification qu'ils donnent au mot « voyou ».

Dans leur idée, ce mot est une parure.

Voulez-vous flatter l'un d'eux ? Tapez-lui sur

l'épaule et dites-lui : « Vous, au moins, vous êtes un vrai voyou de cœur ! »

Ils ont commencé jeunes — commencé par ne pas aller à l'école. Ils préféraient la maraude. Le dimanche ils rôdaient le long du marché aux puces où l'on attrape toujours quelque chose. Cela s'appelle « aller en chercher à l'étal ».

On vole une montre, on la revend vingt sous. On est pris, puis relâché : « Agi sans discernement ».

Ils traînassent, mais ils grandissent ; alors l'appétit se développe. Ils volent des pommes de terre, des boîtes de sardines. Cela donne soif : ils volent un litre de vin.

Seize ans ! On sent en soi ses premières forces. C'est pour s'en servir. La nature vient à votre secours : il convient de faire honneur à la nature. Ils décident d'aller « serrer » quelqu'un. Comme ils n'ont pas encore l'habitude du monde, ils sont timides, ils choisissent les quartiers hagards, les terrains vagues.

— C'était un pauvre vieux bonhomme d'ouvrier usé, Nougat — le complice — lui saute au cou. Il n'a que dix-sept ans, il n'est pas très fort ; il le serre mal. Le bonhomme crie. On lui esquinte la figure. Je fouille les poches, monsieur, je trouve du tabac, des feuilles et sept francs. On ne se rendait pas compte de nos sottises.

Ils sont « donnés ». Ainsi comprennent-ils, dès leurs débuts, que la police n'est pas douée d'une vue surhumaine, mais qu'elle a des amis parmi vos amis. Ils connaissent la *Santé*.

— Et c'est là que l'on apprend à vivre ! Pourquoi « serrer », vous disent les anciens. Le risque est trop gros. *On va en chercher à la tôle*, imbécile ! Ce qui veut dire : on fait travailler une femme, innocent ! Ils quittent la Santé en pensant à cette bonne leçon... Ils cherchent. En attendant ils « baluchonnent »[1].

— On est un petit gars qui n'est pas bancal. On regarde les femmes. Elles répondent... Moi, ma première affaire, ce fut une crémière. J'avais dix-sept ans. Elle, trente-deux. Chaque jour elle me donnait un paquet de tabac et deux francs... Moi ce fut avec une grande dinde déjà lancée. J'étais un petit poulet, elle aimait la chair tendre. Elle m'acheta de beaux costumes. Je faisais la loi dans l'appartement. Elle ne sortait jamais sans son chien à gauche et moi à droite. J'étais son frère, qu'elle disait à ses amis ! Vous pensez si la vie était belle !

1. Voler des objets quand on n'a pas trouvé d'argent.

On y prend goût. Demandez aux épouseurs de dot. C'est la femme qui fait le caftane.

Ces fantaisies durent peu. Ils tombent dans du travail plus courant, prennent une môme qui « rubanne » pour eux. (Rubanner vient de *ruban* qui signifie trottoir. Seuls les poètes et les caftanes savent créer de jolis mots. Pourquoi l'Académie Française n'a-t-elle reçu, jusqu'ici, que les poètes ?)

Cela ne nourrit pas toujours. Il faut se débrouiller. Trop imberbes pour être bookmakers, ils vont tâter du bonneteau à la sortie des champs de courses. En passant, ils attrapent quelques mois de Petite Roquette. Heureusement une femme leur met déjà quelques sous de côté pendant ce temps-là !

Les voilà de nouveau dehors. Ils sont jeunes, c'est-à-dire susceptibles.

— Pour un rien le cœur se froisse. On se prend de querelle avec un homme, on le balance par la fenêtre. C'est ce que j'ai fait, moi, monsieur Albert, pour mon nouveau malheur. Je ne suis pas mauvais, remarquez, au contraire, je suis bon garçon.

Ils attrapent trois ans de Poissy.

— C'est là, réellement, que l'on s'émancipe. Qu'est-ce qu'on était jusque-là ? Des voyous, des rien-du-tout, des petits maquereautins sans la moindre éducation. On entre dans le grand monde : grands voleurs, grands ruffians. On écoute la chanson des exploits des aînés. En France, avec une femme, on vit mal, en Angleterre on vit bien. On apprend cela !

Comment nous avons débuté dans l'exportation ? Qui voulez-vous qui vous conte son histoire ?

— Raconte la tienne, toi qui sais t'exprimer, dit Vacabana.

— Eh bien ! la mienne...

Et Victor le Victorieux commença ce récit :

— J'étais à Poissy. Ma femme m'avait d'abord *assisté* (avait continué de lui donner de l'argent), puis je la perdis. Un autre me la prit. Puis je quittai la Centrale, puis évidemment je partis en chasse. Je trouvai ce qu'il me fallait à la sortie d'une usine de casquettes à Belleville. C'était quelque chose qui ne devait pas avoir dix-sept ans. Je tombai dessus. Je fis le nécessaire. Je la débarrassai de sa mère qui ne valait pas la peine. J'avais mon plan. Les leçons de Poissy m'étaient bien entrées dans la tête. Je lui dis que j'étais électricien, qu'on allait partir pour Londres, qu'on gagnerait bien.

Elle n'avait jamais porté de chapeaux de sa vie. Je lui en achetai un : neuf francs. La voilà parée.

Je m'embarquai à Ostende parce que je savais déjà que c'était mieux... Tiens ! moi aussi j'ai fait mon premier colis par Ostende... Et j'arrivai à Londres. J'allai trouver un ancien de Poissy. Il m'indiqua une chambre, me prêta cinq shellings. On passa notre première nuit, et le matin je dis à la Berthe : Maintenant, mon petit coco, je vais chercher du travail. Elle le crut. Je la laissai la journée entière seule. Le soir je rentrai à la chambre et je dis : Il n'y a pas de travail ! Je fis le désolé. Elle demanda ce que l'on allait devenir. Il n'y a que toi, je dis, pour nous sauver. — Comment ? — Aller dans la rue. La voilà qui pleure. Ça ne durera pas, je lui dis. Faut bien que tu manges et moi de même. Je l'appelai par de jolis noms. Elle faiblit. Je dis que j'avais déjà faim. Elle accepta. Nous sortîmes, je lui offris du fromage et du pain, en amoureux.

Le lendemain je restai avec elle. Je lui racontai toutes sortes de gros mensonges. La gaîté du cœur lui revenait un peu.

Le camarade avait préparé mon affaire. Comme elle n'était pas « fringuée » elle commencerait à faire du petit *tapin*. Il m'avait indiqué la rue :

Oxford street, et un local qui la recevrait pour le travail.

Le soir je lui dis : viens avec moi, je vais te montrer l'endroit. Comme tu ne sais pas parler, tu feras signe avec tes doigts : dix ! dix shellings. En sortant tu donneras pour la chambre un shelling à la vieille. Tu as bien compris ? Fais voir avec tes doigts comme tu feras. Elle leva ses dix doigts !

Vous allez constater comme le hasard est grand.

J'étais avec l'ami de Poissy qui nous accompagnait, pour nous réconforter. Nous quittâmes la gosse. — Attends un peu que je regarde comment elle s'y prend. Je me retournai et ne la vis plus. Il n'y avait qu'un couple dans la rue. La femme, c'était elle. Elle embusquait déjà, c'était de bon augure. Ils rentrèrent dans la maison. Attends encore, on va voir quand elle sortira ! On attendit un quart d'heure. Elle apparut. Ça va bien ? lui dis-je. Elle baissait les yeux. — Relève la tête, quoi ! puisque c'est pour moi. Elle me remit les dix shellings. — Et la propriétaire ? Dans son émoi elle avait oublié de la payer. — Tu la règleras au prochain ! Tu vois, lui dis-je, dix shellings cela fait douze francs cinquante. Combien de temps aurais-tu mis dans ton usine à casquettes pour gagner douze francs cinquante ? Là, quinze minutes ! Elle paraissait contente. Comprends-tu combien c'est beau ! répétais-je. Je lui en mis plein les oreilles.

Le lendemain elle recommença. La voilà partie sur un train-train de trente shellings par jour. Puis de quarante bientôt. Un jour c'est cinquante. Je lui achetai un petit costume gris. Je la changeai de quartier. Moi j'étais toujours en casquette et le cou nu.

Le nouveau quartier était meilleur : soixante, soixante-dix shellings. A ce moment seulement je m'offris mon premier chapeau et des faux cols. Je fus obligé de prendre une cravate toute faite. Je n'en avais jamais porté. Je ne savais pas faire le nœud.

Alors l'Amérique du Sud...

— Messieurs, dis-je aux quatre chevaliers de mon groupe, nous continuerons cette belle histoire à table. Il est huit heures et demie. Nous avons déjà bu cinq *cubanos*. Maintenant il faut manger... Allons ! Passez donc ! l'honneur à vous !

VII

VICTOR LE VICTORIEUX CONTINUE SON RÉCIT

J'avais besoin d'un peu d'air. Je les conduisis passage Guilmès au restaurant du quinzième étage. Une fois le ventre bien en place devant la table, Victor le Victorieux reprit son récit :

— Alors, l'Amérique du Sud devenait à la mode de plus en plus. Déjà dans le milieu on ne parlait que d'elle. Des collègues « en remonte » nous en disaient les richesses. On en rêvait.

La môme avait compris. Elle « encaissait » le coup. La question de l'électricien était rayée depuis longtemps. Elle se plaisait avec moi, heureuse de me voir heureux. Elle n'aurait plus voulu autre chose. Moi je la connaissais déjà depuis longtemps — enfin, depuis que j'étais avec elle ! Je savais comment lui parler. Travaille fort, lui disais-je. Je fais de grands projets pour toi et pour moi. Il nous faut de l'argent. Quand tu seras bien capable tu deviendras ma femme. En attendant je vais te *doubler* (prendre une deuxième femme).

On m'avait signalé une occasion. L'occasion n'était pas très jolie. Une vieille, trente ans ! J'allai dessus. Je m'arrangeai. Elle était de bonne volonté, mais d'une paye médiocre. Enfin, attelé à deux j'avançais plus vite. Je constituais le capital pour le voyage à Buenos-Aires.

Un jour j'eus ce capital.

Adieu la vieille ! A moi la jeune ! L'ancienne ouvrière en casquettes et le faux électricien prirent enfin le grand bateau.

— Monsieur, regardez cette ville...

De notre quinzième étage, Buenos-Aires s'étalait.

— J'y débarquai avec une livre, six pences et ma petite femme. Mon histoire est celle de chacun de nous, elle peut servir d'exemple. Est-ce bien ce que vous voulez ?

— Parlez donc !

— Je ne connaissais personne. Aujourd'hui nous sommes mieux organisés. J'avais cependant une adresse d'hôtel. Alors me voilà parti dans les maisons, offrir ma marchandise. C'était encore le temps magnifique des grandes maisons. Dix-huit ! vingt ! vingt-cinq femmes ! Complet partout ! Je commençai à sentir du vide dans mes espérances. L'hôtelier nous fit crédit, il avait confiance dans la petite, il la jugeait sérieuse.

Je rôdai dans les cafés que l'on m'avait signalés. Une après-midi j'entendis quelqu'un dire à côté de moi : je dois voir Petit-Rouge, ce soir. Je le connais aussi, je dis. Je serais heureux de le rencontrer. Moi j'arrive et je suis à la traîne.

Il m'amena chez Petit-Rouge, — Comment qu'elle est ta femme ? qu'il me demande. — Comme ça, boulotte, entre les deux, quoi ! — Eh bien ! on va la monter à Mendoza ! — Où c'est çà ? — A la frontière du Chili. — Ah ! que c'est loin ! — Ah ! tais toi ! — As-tu des draps, des couvertures ? — Alors, ici, dis-je, il ne suffit pas de donner sa femme, il faut aussi prêter sa literie ?

On prit le train le surlendemain. Petit-Rouge avait fait les fonds. Et nous voilà pendant deux jours à traverser des pampas. C'étaient des paysages qui n'étaient pas de notre religion. Cela vous serrait le cœur. Mon petit homme, me disait la gosse, tu ne vas pas me livrer à des sauvages, tu sais, moi je t'aime bien. J'eus le malheur de parler d'Indiens. Quand elle sut qu'on se promenait parmi des Indiens, elle se jeta à mes genoux. C'est comme je vous le dis. Je ne m'étais jamais aperçu jusqu'à ce jour qu'elle avait des genoux ! Ça me fit quelque chose. Les Indiens, que je lui dis, ça n'habite pas les villes, mais tous ces terrains vagues. C'est une ville, où je te conduis, une ville frontière ; tiens ! comme Toul ! C'est des civilisés avec qui tu auras affaire. Embrasse-moi !

On arriva. Ah ! là là ! Un sale tapin ! Cinq piastres la planchette, comme on dit aux loteries des foires. Et cela ne faisait que douze francs cinquante à l'époque. C'était un travail héroïque. Pas de chômage ni d'heure creuse. Elle fut courageuse, cette gosse, à ne pouvoir s'en faire une idée. Ça s'améliorera, lui disais-je. Elle tint le coup !

Lié avec tous les hommes du milieu, là-bas, on devient vite un Américain du Sud, on prend goût aux affaires. En trois mois j'avais remboursé Petit-Rouge, réglé l'hôtelier de Buenos-Aires. Dans sa maison ma femme était considérée comme un bon capital, solide, à l'abri des fluctuations. Ce capital était à moi. L'idée me vint donc de ne pas m'endormir dans le bien-être. Je décidai d'aller en remonte. J'avais les dents assez longues pour manger deux biftecks.

Je m'en ouvris au locataire de ma femme. Je fis valoir mon capital. Je sollicitai deux mille piastres d'avance.

— Tu sais, qu'il me dit, ta gosse est gentille. Il faut compter trois mois d'absence. Pendant ce temps elle peut se faire enlever par un client. Tu es jeune, il est de mon devoir de te signaler les risques du métier.

J'avais confiance. On sait où l'on place son affection. Je savais que ma femme était une honnête petite femme.

— Bien sûr ! qu'il me dit, l'un et l'autre vous êtes tout ce qu'il y a de correct. Mais il faut compter avec la faiblesse féminine. Enfin ton idée est bonne, tu n'es pas un paresseux. Voici deux mille piastres.

J'étais déserteur — avant la guerre ! Paris m'était interdit. Je partis donc pour Londres. Du bateau j'écrivis à mon frère : Remonte-moi une môme à Londres, dans le genre de Nana : sa femme.

Me voici dans la ville de ma première importation. Au lieu d'une môme avenante, il m'apporte un grand cheval tout décousu ! Ah ! lui dis-je, ce n'est pas la peine de s'adresser à son frère ! Si vous aviez vu ça ! Une autruche qui aurait vendu ses plumes pour se faire habiller au marché aux puces ! Quelle commande !

J'hésitai à engager des frais sur elle. Je la fis tout de même friser par un bon coiffeur pour voir ce que ça rendait. Elle sortit de chez l'artiste, je la regardai, ce n'était pas emballant. Avec cela, mal affranchie, des idées d'autorité. Je disais oui, elle disait non ! Elle me faisait l'effet d'une fausse pièce, je me demandais si je la ferais passer. Je la mis dans ma chambre, me réservant le droit de la dresser.

Je lui interdis d'aller au travail à Londres. Il ne s'agissait pas de tomber malade ou de se faire arrêter une fois les deux billets achetés. Elle sortit quand même. Je me contins. Plus je faisais le doux plus elle prenait le dessus. Le remords me dévorait en pensant que j'allais procurer une situation à cette mariée de village.

Parfois je l'humiliais. Elle s'échappait. En rentrant, elle me jetait quarante ou cinquante shellings à la figure. Ah ! je suis bonne à rien ? Elle semait encore une vingtaine de shellings à travers la pièce. Elle m'insultait, cette Chinoise !

Cela donnait à réfléchir. Je compris que toute marchandise trouve amateurs. J'avais jugé l'humanité trop distinguée !

Je décidai de l'embarquer.

La veille du départ, voilà-t-il pas qu'elle se permet de se soûler ? Elle me fait une *postiche* (une scène). Elle n'était déjà pas bien avantagée, je lui casse son nez. En montant sur le bateau, elle avait les deux yeux tout noirs. Et j'étais forcé de dire : c'est ma femme. Elle me faisait honte.

Soi-disant, je l'emmenais comme caissière. A elle aussi j'avais dit cela, pour qu'elle n'eût pas à me menacer devant les polices. Sois sage sur le bateau, lui avais-je recommandé. Elle se conduisit comme une grue ! Les camarades qui étaient à bord s'en montraient indignés. Pourquoi que tu ne la fiches pas à l'eau ? Un soir qu'elle sera assise sur le bastingage tu pousseras, on ne criera qu'un moment après.

Nous n'étions qu'à Lisbonne. Je patientai. J'attendais Pernambouc, où les requins ne manqueraient pas. Si je ne puis la dresser, eux s'en chargeront, pensais-je dans ma colère.

On aurait dit qu'elle le sentait, cette autruche-là ! A mesure que l'on approchait de la côte du Brésil, elle allait mieux ! Moi-même je voulais sauver mon second capital. Je ne tins pas parole, question de la mettre à l'eau.

Nous arrivâmes.

Mon intérêt avant tout. Pour gagner ses bonnes grâces je la promenai dans Buenos-Aires. Je l'amenai au jardin d'acclimatation. Là tout faillit casser. Ce fut de ma faute. Je ne pus m'empêcher de lui dire : — Tiens ! regarde-toi, quand nous fûmes devant la girafe. Elle jeta son ombrelle dans l'enclos du zèbre et partit en me traitant de maquereau.

Je fus contraint, le soir-même, de lui re-pocher les deux yeux.

Il fallait la soustraire, au plus tôt, aux fantaisies de sa nature. Nous prîmes le train pour Mendoza. Nous y arrivâmes.

Je la mis à l'hôtel. Je courus voir ma petite femme, dans sa maison.

Elle avait eu une conduite exemplaire. Je ne reçus que des compliments à son sujet. Non seulement elle avait gagné par son travail les deux mille piastres que le tenancier m'avait avancées, mais je trouvai deux mille piastres supplémentaires à mon compte. Elle était fière de la surprise qu'elle me faisait.

Le lendemain, je mis l'autruche dans une autre maison. Le premier jour elle dormit. Le deuxième jour, quand j'arrivai afin de surveiller sa conduite, je ne la trouvai plus. Elle avait assommé la patronne qui, honteuse de sa paresse, l'avait rappelée au sentiment de sa dignité. Elle s'était sauvée. Où était-elle ?

Vous comprenez bien ? c'était l'un de mes titres de rente qui disparaissait !

Avant de m'adresser à la police, ce qui coûte toujours cher, je cherchai tout seul. J'appris par un *Martigues*[1] qu'une « nouvelle » venait d'entrer dans

1. Il y a deux clans principaux parmi les *caftanes* : les Parisiens et les Marseillais. Les Parisiens appellent les Marseillais : les Martigues.

une boîte marseillaise. J'y courus. C'était ma Chinoise ! Elle était dans une tôle d'abatage à deux thunes[1], au lieu de cinq !

— Messieurs, leur dis-je, on ne s'entend plus. Les dîneurs remplissent le restaurant. En outre nous sommes à côté de cette immense table, où soixante jeunes Argentins, dont le plus âgé a vingt-deux ans, banquettent cérémonieusement ainsi que chez nous les vieux délégués de la Fédération Républicaine du Commerce et de l'Industrie. Je ne sais qui sont ces vénérables jeunes hommes...

— Hé ! fit l'un de mes hôtes, ce sont nos clients !

— Alors, respectons-les, mais convenons qu'ils parlent un peu haut. J'ai besoin de silence pour ne rien perdre de vos intéressants propos. Ici mangeons et buvons. On ne boira jamais trop. Nous reprendrons, ailleurs, le récit de vos exploits. La nuit est à nous.

1. Ils appellent également thune la piastre ou peso argentin.

VIII

VICTOR LE VICTORIEUX ACHÈVE SON RÉCIT

Tous les cinq, gais et contents, nous montions l'escalier d'un bel immeuble de Maïpu. Il était une heure du matin. Buenos-Aires nous avait vus rapidement passer par les sillons de son grand champ bâti. Nous gagnions l'appartement de deux de nos compagnons. Le voici.

Si vous êtes pour la punition du mal et la vertu récompensée, il ne faut pas mettre les pieds dans cet appartement.

Cela bouleverserait vos idées et vous en sortiriez l'esprit en grand désordre.

Je ne vois pas l'avantage que j'aurais à vous jeter dans une telle confusion.

Appartement de petit apparat. Six pièces. Celle-ci...

Au moment d'ouvrir la porte, l'un de mes hôtes tendit l'oreille : Nous la visiterons tout à l'heure, dit-il, elle me semble momentanément occupée... En effet, on y remuait un flacon sur une table de marbre.

— Elle ne leur ménage jamais le parfum, Lison ! fit-il.

La dernière pièce parut être à notre mesure. A nous les divans ! On s'y installa.

— Alors, Victor, vous trouvez l'autruche dans une tôle d'abatage à deux thunes au lieu de cinq...

— Et quarante-quatre sous la thune à cette époque ! Vous pensez ce qui se passa. Toutefois, je ne la tuai pas. Nos femmes sont des machines à sous. On ne casse pas sa machine à sous, on se contente, parfois, de la secouer un peu nerveusement. Et je lui dis : Puisque tu es là, reste là. Au fond tu ne valais pas mieux. Tu n'étais pas faite pour voyager en première classe. Tous les samedis je viendrai chercher la paye. Si tu bronches je donnerai ton cœur à manger aux condors de la Cordillère !

La paye n'était pas bonne. Mademoiselle s'offrait des liqueurs de marque avec son gain. C'était une vicieuse !

Un cheval vicieux, on le réforme au régiment. Dans nos rangs, une femme, c'est comme un cheval.

Si elle rue après le dressage, il convient de s'en débarrasser.

Je décidai de la vendre.

— De la vendre ?

— Oui, monsieur. Elle était dans une boîte marseillaise. Il me fallait un « Martigues ». On m'en signala un dont la femme venait justement de se trouver mal, c'est-à-dire de se trouver trop bien dans les bras d'un client. Il lui avait fait un sort... un sort momentané. Je dénichai le Martigues.

— Ne pourrais-tu m'acheter ma môme, lui dis-je. — Pourquoi que tu la vends ? Je n'allais pas abîmer ma marchandise. Un bon maquignon sait voiler les défauts de sa bête. — Nos caractères ne vont pas ensemble, je lui dis. — Combien que t'en veux. — Prix coûtant : deux mille piastres. Je ne gagne rien dessus. Bien frisée, elle en vaut une autre. — Treize cents piastres, je paye comptant !

J'avais jugé qu'elle ne valait pas cher. Il lui eût fallu trois mois pour me rapporter ça. J'acceptai.

— Bon ! dit le Martigues, dès ce soir je vais me « porter dedans ». — Permets un conseil : elle ne m'a pas à « la bonne ». Je connais son cœur et ses manières. Lève-la amoureusement. Tu seras censé me l'avoir « fauchée ». Dis-lui que pour moi elle ne sera jamais qu'un « doublard », que j'ai une femme qui me tient à l'âme, que je ne lui ferai pas de situation, que je suis bien connu, sur la place, comme un dégoûtant. — Tiens ! j'y vais tout de suite, dit le Martigues.

Le soir il vint me raconter son travail. Il n'avait pas voulu pousser jusqu'au bout par correction. Mais il me dit : Ça ira ! — Attends ! je dis, je vais t'aider, retourne la voir à la fin de la nuit.

J'allai dans sa tanière. Je commençai à faire le méchant. Elle rit. Je savais pourquoi ! J'insistai. Ah ! qu'elle dit, si tu persistes, je te lance un Martigues dessus. — Tu as un Martigues je dis. Tant mieux, c'est juste ton affaire. Moi je vais retrouver ma vraie femme. Toi tu n'étais que ma descente de lit. Je crache sur toi. Et je partis.

Le lendemain c'était fait. Le collègue me versait les treize cents piastres. Savez-vous ce qu'elle est devenue ? De déchéance en déchéance ! Elle a fini dans une tôle créole. Voilà ce que c'est d'avoir une mauvaise conduite !

Le champagne, à Buenos-Aires, se paye en pesos. Il faut montrer trois cents francs pour avoir le droit d'ôter le capuchon à une bouteille. Je ne sais en quoi il se payait dans l'appartement de Maïpu. Ce devait être en une excellente monnaie internationale : il ne manquait pas, et il était fameux.

J'entendis une porte claquer, une porte d'entrée.

Ce bruit marquait une sortie. Aussitôt une femme — la petite femme qui ne *leur* ménageait pas le parfum — apparut, rieuse, dans notre salon assez particulier. Elle embrassa le brun. Je me sauve, dit-elle... on m'attend à Florida Club.

Elle s'envola.

La Galline ayant disparu :

— Victor, dis-je alors, et après?

— Après ? j'en rachetai une autre. C'était une gentille enfant, douce et malade, une petite de Coulommiers, tenez ! Je la trouvai dans un établissement à Buenos-Aires. Il me vint tout de suite une idée à son sujet. Elle était fine, pas du tout grossière. Il ne lui fallait pas un travail pénible. Je la voyais déjà, se faisant une intéressante clientèle dans un joli appartement. — Avec qui es-tu mariée, lui demandai-je. Elle me dit le nom du collègue. C'était un ami. J'allai le trouver. Je ne suis pas « doublé » lui dis-je, toi tu es déjà « triple reins » (avoir trois femmes) ; veux-tu me céder la petite de Coulommiers? Je me souvins qu'il me regarda comme l'on regarde un imbécile. Ecoute, Victor, qu'il me dit, je vais te parler entre hommes comme tu le mérites. La môme, elle est en train de glisser !

Je ne sais pas ! j'avais mon idée, un coup de poète, quoi ! Je l'achetai quand même : neuf cents piastres. Le camarade avait raison. J'ai perdu mon argent. A la place de l'appartement ce fut l'hôpital. J'ai été à son enterrement. Il ne faut pas regretter une bonne action.

Il but.

— Et après, Victor ?

— Après, j'en rachetai une autre : une Italienne. Les sangs mêlés cela ne vaut rien. Je ne restai pas quinze jours avec elle : je la revendis avec bénéfice.

— Et après ?

— Après, j'en achetai une demie.

— Une demie quoi ?

— Une demi-femme. Cinquante pour cent pour le collègue, et cinquante pour cent pour moi. C'est comme pour la grande loterie, quand on n'est pas riche on se divise. C'était la Rita, des seins à se mettre à genoux devant, une allure d'*écuyère à cheval*. On n'en voit plus, comme celle-là ! Elle était trop chère pour un seul. Il fallait la loger selon son rang, l'habiller d'après ses mérites. On ne présente pas une perle choisie dans une boîte en carton. La Rita ? Vous vous souvenez d'elle, vous autres, elle a fait la fortune de quatre : Gaston, Bob, le petit Lou-Lou et un peu la mienne — un peu la mienne parce que Lou-Lou, un an plus tard, m'avait racheté mes cinquante pour cent ! Elle a fait la sienne, en supplément ! Savez-vous ce qu'elle est devenue ? elle est ministresse. C'est la femme du ministre de la Justice du... Voilà ce que nous faisons des femmes quand on nous les confie et qu'elles méritent notre attention !

— Et après Victor, après ?

— Le juge d'instruction, nous l'appelons le curieux. Nous avons connu beaucoup de juges d'instruction, ils n'étaient pas curieux comme vous.

— Vide ton sac jusqu'au fond, fit Vacabana.

— Voyez cet appartement. Ici ce n'est pas chez moi. J'ai le même à dix minutes, dans Charcas. J'ai aussi un appartement à Londres, un *flat* Old Koston Street. Donc une femme à Buenos-Aires, une femme à Londres, j'en ai une autre au Campo, c'est-à-dire dans la province argentine, à Rosario, une quatrième à la Boca, vous savez, le long du Rio de la Plata (si je sais !). Eh bien cela me suffit. Je vaux, net, deux millions. J'ai trente-sept ans, cinq de prison. Et je suis pensionné de guerre de la République Française. Rentré en 14. Blessé en 16 : voilà ma cuisse ! Réformé en 17, voilà mes pièces ! Et je vais au Consulat de France, plaça Lavalle, au cinquième étage, toucher le prix du morceau de viande que j'ai perdu dans ce voyage... Là aussi je vis de chair humaine, mais pour une fois, c'est la mienne !

— Eh ! dis-je, comment faites-vous pour surveiller d'ici une femme à Londres ?

— La femme de Londres, c'est ma femme !

— Hé ! là !

— Pas la vôtre, bien sûr, ma casquettière ! La petite travailleuse de Mendoza ! Après la guerre je l'ai menée à Londres. Je l'ai installée. Je l'ai mariée.

— Alors elle n'est plus à vous ?

— Pourquoi ?

— Elle est mariée.

— Oui ! mais elle n'est mariée qu'officiellement ! Quand, à Londres, une Française est arrêtée dans la rue, on la renvoie en France. Vous comprenez ?

— Oui.

— Il faut donc la faire Anglaise pour qu'on ne puisse pas l'expulser.

— Bon !

— Alors on va sur les quais. On choisit un pouilleux quelconque pourvu qu'il soit Anglais, et autant que possible célibataire. On lui dit : tu vas épouser ma femme et tu auras vingt livres. Le mariage est bâclé dans les quarante-huit heures. A la fin de la cérémonie on va boire le coup ensemble. On donne les vingt livres. Ensuite on dit au « mari » adieu ! et que l'on ne te revoie plus.

— S'il revient ?

— On l'assomme.

— Et si les autorités font des difficultés pour les unir ?

— On ramène sa femme à Maisons-Laffitte. On la marie avec un *lad*. On la rembarque. Et la fête continue.

— Alors vous avez toujours la petite casquettière ?

— Et pour toujours. Dans un an elle cessera le travail. Elle a gagné ses galons. Moi je vendrai ce qui me reste (ses trois femmes d'Argentine), je rentrerai en France et tous deux, désormais bourgeois, elle, fière de moi et moi, fier d'elle, nous irons l'hiver à Nice, le printemps à Saint-Cloud, l'été sur la Marne et l'automne à Montmartre.

Il était six heures du matin.

IX

FRANCHUCHAS

Deux millions d'habitants. Des rues où le tramway est forcé de rentrer son ventre pour passer. A la fois bazar et métropole. Suspendu par un fil invisible, tenu là-haut par Dieu le Père lui-même, un autre Dieu, invisible également, se balançant au-dessus de la ville. Tous les Argentins — tous ! — à genoux devant lui. Il n'est même pas en or, il s'appelle l'Argent !

Un peuple au maillot, traits encore vagues : oriental dès qu'il est assis devant un café, passionné dès qu'il entre en affaires, prévenant et poli comme les membres de deux équipes de rugby quand elles sont en action pour un match international !

Buenos-Aires !

Un port à la place du cœur !

Italie, Espagne, Pologne, Russie, Allemagne, et quoi encore ? Syrie et pays basque, chaque jour, chaque jour, comme s'il s'agissait de combler un terrain à bâtir, déversant là leur supplément de matériel humain.

Des horizons ont des clochers, d'autres des minarets, d'autres ont des coupoles. Chacun sa religion. Ici des cheminées de bateaux.

Chercheurs d'or ? Ah ! ouiche ! Chercheurs de pesos.

A l'embouchure des fleuves géants, la mer n'est pas jolie. Elle est boueuse. C'est la faute des terres anonymes qui descendent de loin sur le courant des grands rios. Anonymes aussi ces hommes en troupeau, débarquant, grouillant, vivant dans la capitale, non décantée, de la Républica Argentina.

Des hommes, des hommes, des hommes.

Désirs ! sauvages fleurs de la jeunesse et de la santé ; solitude ! fiévreuse maladie des pionniers célibataires ; richesses ! irrésistibles tentatrices du péché qui s'est fait chair, tout cela, tout cela rôdant comme un nuage, dans la cité.

Buenos-Aires !

Tous les matériaux indispensables à la construction d'une immense ville en gésine, débarquant là.

Tous !

Même le plus indispensable.

La Femme !

Les ferrailles, les machines, les pointes sur les casques étaient allemandes. Le chemin de fer, le vêtement, le cornichon à la moutarde étaient anglais. L'automobile, les rasoirs, la mauvaise éducation étaient North America, le terrassier était italien, le garçon de salle était espagnol, le lustro était syrien.

La Femme était française ! *Franchucha !*

A San-Luis, à Villa Mercédès, à Roca, stations du long chemin qui mène à la Cordillère des Andes. Sur son versant, à Mendoza. Sur le Paraguay, et le Parana, à Rosario, à Santa-Fé, à Concordia, à La Paz, jusqu'à Goya ! Jusqu'aux portes du désert du Chaco austral : à Corrientès. Sur le Salado, à Salavina, à Tucuman. Jusqu'à Salta, jusqu'à Jujug chez les condors ! Au Sud : à La Plata, à Bahia Blanca. Et même jusqu'au pays des peaux ! dans l'indomptée Patagonie !

Dans les pampas infinies où l'on sent l'abandon.

Aux campos, partout où des hommes seuls s'efforçaient à prendre racine dans ce sol neuf, on voyait monter, procession amère, des jeunes femmes allant se vendre.

Ces femmes venaient de France.

Franchuchas !

Le gros de l'armée était pour Buenos-Aires.

Elles ne sont pas arrivées en croupe sur les chevaux de guerre de San-Martin et d'Alvéar; c'est tout ce que l'on peut leur reprocher. Ces généraux ont déclaré l'Indépendance, l'armée des Gallines l'a maintenue. Qu'eussent fait, sans elles, les conquérants de la terre nouvelle ? Elles leur apportèrent sinon l'amour, du moins son mensonge. Et il y a de beaux mensonges !

On fêta naguère le centenaire de la Liberté et la gloire relative de Buenos-Aires. Il y eut des discours. On parla de tout : de victoires, de commerce, de pesos. Export, Import, par la voie du port ! Aucun orateur, ni le Président de la République, ni l'archevêque n'envoya un souvenir à la collaboratrice des jours et des nuits héroïques. Pouvoirs publics, voilà votre ingratitude !

Les généraux libérateurs ont leur statue, les chevaux des généraux ont la leur par la même occasion. Il y a le *Penseur* de Rodin, sur la plaça du Congresso. Pourquoi le Penseur a-t-il éprouvé le besoin de venir penser à Buenos-Aires ? Il devait être fatigué de penser ! Bref ! les statues ne manquent pas.

Nouvelle ingratitude, la Galline n'a pas la sienne ! Je la réclame.

Et cela au nom de la France et de la Justice !

Elle serait en marbre blanc et sans tache. Dressée

à la sortie du port pour que les arrivants pussent d'abord la saluer.

Il est un square, face à l'entrée de la nouvelle poste. Je retiens l'emplacement. Ainsi notre sœur serait-elle, entre Christophe Colomb qui a découvert le continent, et San-Martin qui a découvert la Liberté. Elle, la chère enfant, a découvert l'Argentin !

On la verrait, le mollet agréable et l'œil plein de langueur, mais si courageux.

Un ruffian dans le bas-relief, bien entendu.

A LA FRANCHUCHA

LE PEUPLE ARGENTIN RECONNAISSANT

Le jour de l'inauguration, si le ministre de France est atteint d'un rhume de cerveau, j'irai, moi, prononcer le discours, au nom de la mère Patrie. J'en prends, ici, l'engagement. Je saurai quoi dire !

Frères latins ! commandez le marbre !

Elle a tout connu, la Franchucha. Elle a d'abord connu l'Argentin. Frères, je dois vous le dire, si tout en l'aimant vous la méprisez, elle vous le rend bien sans vous aimer.

C'est toujours autant de gagné !

Tout connu ! Vous la trouvez à la Boca, c'est-à-dire tout à fait dans le fond, non seulement le fond de Buenos-Aires, mais le fond de tout, et encore du reste !! Vous la trouvez, solitaire, dans sa petite maison « casa francesa » à tous les « cuadres » du vaste damier de Buenos-Aires. La loi permet une « casa » sur chaque face du « cuadre ». Quatre casa, quatre femmes, souvent quatre Françaises à l'hectare carré ! Vous la trouvez dans la rue. Les initiés appellent celle-ci et ses sœurs la garde du consulat de France. Les soirs, dès six heures, elles se promènent devant le Consulat comme si elles recherchaient non seulement ce qu'elles cherchent, mais aussi une protection. Est-ce le Consulat qui s'est installé sur le trottoir, à cause des petites compatriotes ? Sont-ce les compatriotes qui ont choisi ce bitume à cause du Consulat ? Enfin, dans l'ensemble, nous avons de la chance : si notre Consulat est dans le centre, notre légation est dans un quartier retiré. Ainsi, évitons-nous la garde de la légation !

Vous la trouvez dans tout ce qu'il y a de plus triste au monde sur la surface du globe, dans les établissements où la nuit, on s'amuse à s'ennuyer.

La désolation des lieux où l'on s'amuse !

Dans les dancings, les Tabaris, les Florida, les Maïpu-Pigalle et autres gales de nuit !

Là, elle prend le nom d'artiste.

La ronde est fermée. L'Argentin est au milieu. A lui, le choix !

Franchuchas ! filles de France, vous n'êtes que ce que vous êtes. On ne peut vous donner en exemple à l'humanité. Il est juste, cependant, de prendre la parole, une fois, en votre nom. Que vos compatriotes, les Français, vous jugent suivant la mesure d'une morale dûment établie, comment faire autrement ? L'esprit des clans sociaux est limité et j'ose dire que c'est un bienfait des dieux. Où irions-nous, si ceux qui ne peuvent aller, sans vertige, jusqu'au bout d'une pensée, avaient le droit d'atteindre ce bout ? Ils tomberaient au fond d'un précipice, et se fracasseraient le crâne, où, bien à l'aise, vivait leur matière cérébrale ! Quel avantage, je vous le demande, en retirerait la société dont la base est d'être commune ? Mais pour les Argentins, l'affaire est différente. Tout en vous payant, ils vous doivent encore. Vous avez été les éducatrices d'élèves plutôt frustes. Vous n'en avez pas encore fait quelque chose de tout à fait remarquable. Sans doute était-ce assez difficile ? Mais vous y travaillez toujours.

Et cela prouve que vous ne manquez pas de courage !

X

LA PRINCIPAUTÉ DES AFFRANCHIS

Mesdames, d'où venez-vous ?

De Coulommiers, de Valence, de Saint-Etienne, de Bretagne et d'ailleurs, par Marseille et Paris ? Cela, nous le savons. Vous êtes de tous les départements. Au surplus, votre acte de naissance ne nous intéresse pas.

Que représentiez-vous dans la société française, avant de représenter la France sur le Rio de la Plata ?

Au début de mon entrée dans le « milieu », alors que je rôdais encore dans Paris et dans Marseille, une lettre m'arriva :

« Mesieu, disait-elle, je sait ce que vous ête

entrain de faire. On en parle deja baucou dans le milieu. Vous entendrez des quantités de choses. On essaira de vous embrouillé. Moi je suis un homme du milieu, et j'ai à vous renseigné en cette qualité. Il n'y a que deux sortes de femmes dans notre monde, les malheureuses et les vicieuses. Etc... »

Mon correspondant n'avait peut-être pas obtenu le prix d'orthographe, à l'époque où il poursuivait ses études ; il eût mérité le prix de psychologie.

Quant à moi, je vais concourir pour le prix de mathématiques : quatre-vingts pour cent de malheureuses, vingt pour cent de vicieuses. Voilà mes chiffres !

Qu'entend-on par malheureuses ?

Quand une jeune fille a seize ans et que sa mère, ivre tous les soirs, lui dit : Tu vas sortir et tu rapporteras vingt francs ; si tu ne me rapportes pas vingt francs, je te dénoncerai à la police comme mineure se livrant à la débauche et tu seras enfermée jusqu'à ta majorité dans une maison de correction ; cette jeune fille est une malheureuse.

Quand une jeune fille est *seule*, qu'elle gagne quatorze francs, que le chômage arrive, que, depuis trois jours, à l'heure des repas, elle n'a eu d'autres ressources que d'aller « manger avec les chevaux de bois », et que le propriétaire de sa chambre, pour la deuxième fois, en homme sachant ce qu'on lui doit, lui réclame le prix de la quinzaine ; cette jeune fille est une malheureuse.

Quand une jeune fille a son père au lit, des frères petits, mais qui, tout de même, mangeraient volontiers, une ordonnance à porter chez le pharmacien, mais pas d'argent pour aller retirer les médicaments, cette jeune fille, même en sortant de son travail, est une malheureuse.

Je sais bien que de saintes personnes, dont l'honnêteté est au-dessus de mon éloge, et qui n'ont jamais eu faim, ont trouvé depuis longtemps une solution à ces problèmes. Elles pensent religieusement que la Seine est faite autant pour les petits chats que l'on veut noyer que pour les petites femmes qui ont de la misère.

Elles le pensent et même elles le disent.

Et moi, je dis qu'à ce moment, on sent des calottes frémir au bout de ses doigts.

Quand une jeune fille est bête et qu'elle suit l'enchanteur comme les phoques, tout frétillants de joie, suivent le joueur de castagnettes qui les guide vers l'assommoir, cette jeune fille est une malheureuse.

Quand une jeune fille sans ressource a un enfant, qu'elle l'a toute seule après l'avoir eu à deux, qu'elle préfère le garder plutôt que de lui tordre le cou, qu'elle le garde, et qu'elle réfléchit après, cette jeune fille est une malheureuse.

Qu'appellent-ils une vicieuse ? Une jeune fille qui fait le métier par amour du métier ? L'amour pour l'amour de l'amour conduit peut-être en enfer, s'il faut en croire la religion catholique ; il ne mène pas sur le trottoir.

Nous n'avons pas d'héroïnes à vous présenter, dans ce monde. Nous débordons complètement des pages de M. Bourget. Le trottoir n'a jamais été l'antichambre des aventures et de la volupté. Il fut et demeure encore, uniquement, le chemin du restaurant.

S'il y a de la volupté ce n'est que par surcroît, au gré de l'humeur, en hommage à l'habileté et, ajouterons-nous, comme une petite revanche de la femme sur la professionnelle. Un sommelier a beau goûter les vins du bout des lèvres, une heure arrive, cependant, où il boit pour son compte.

Une vicieuse est une jeune fille née dans le milieu, ayant l'exemple de la mère ou de la sœur aînée, ne concevant pas, dès l'âge le plus pur, qu'une femme quand elle est grande, puisse gagner sa vie autrement. A douze ans, elle est déjà en circulation clandestine. Ensuite elle descend, un par un, les barreaux de l'échelle. Un jour, elle franchit le dernier, elle met le pied sur le trottoir, elle est normalement arrivée !

Telles sont nos Gallines.

Jolies ? Plutôt agréables. En tout cas, il n'en est point de laides. La caftane peut être sans charme, la Galline doit en avoir. Charme souvent sans grâce, jamais sans fraîcheur. Exemple et misère sont les deux premiers coupables. Deux autres les suivent de près, deux autres qui semblent encore plus amers, deux autres qui, pour les femmes heureuses, ne sont qu'un sujet de félicité, le premier s'appelle jeunesse, le second miroir.

Mais nous sommes à Buenos-Aires. Comment y viennent les Franchuchas ?

Pas seules.

On les y conduit.

C'est cela que l'on appelle la traite des blanches. Voyons.

Ces femmes que je viens de vous présenter sont à vendre. Elles le sont pour les raisons que je vous ai dites. C'est ainsi.

Elles commencent, pour la plupart, à se vendre elles-mêmes. Les mauvaises commerçantes ! Elles vendent tout au même prix, la première et la dernière qualité, et ce prix est le plus bas. Que de trésors achetés au poids du bronze ! Que de truffes données à des cochons ! C'est l'époque où la petite débutante, vêtue de la robe qu'elle portait il y a un mois quand elle était ouvrière ou demoiselle de magasin, vous dit, les yeux dans les larmes : Pourquoi les hommes appellent-ils ça faire la noce ? Alors, tu fais la noce, me répètent-ils tous, ces grands imbéciles ? Faire la noce, c'est faire ce qui vous fait plaisir !

— Cela vous serre le cœur, me confiait un caftane, de voir de si beaux lots enlevés pour une bouchée de pain !

Heureusement, il y a le « milieu ».

Le milieu est une société d'hommes qui exploitent la femme, simplement, comme d'autres exploitent des forêts, des brevets, des mines ou des sources d'eau minérale.

C'est une corporation. Que dis-je, c'est un état ! Comme Monaco dans la République Française, San-Martin dans le Royaume d'Italie, le Val d'Andorre dans les Pyrénées !

Ces hommes nouveaux ont renversé nos mœurs, nos coutumes, nos lois et se sont érigés en principauté indépendante : la principauté des Affranchis.

Ils ont rompu avec tous nos pouvoirs publics, sauf la Police. La Police ils la reconnaissent comme puissance étrangère, aussi délèguent-ils auprès d'elle un ambassadeur chargé d'entretenir de bonnes relations de frontières.

Ils ont fondé, eux aussi, une ligue des Droits de l'Homme, mais sur la femme.

Ils n'ont pas seulement fait revivre la bigamie, ils l'ont passablement améliorée.

Mahomet avait dit : « Prends autant de femmes que tu pourras en nourrir. »

Les citoyens de la principauté des Affranchis ont modernisé le Coran. Eux proclament : « Tu n'auras pour femmes que celles qui sont capables de te faire vivre. »

Tous les métiers, sauf un, leur sont interdits. Leur religion les range parmi les péchés mortels. Sauf un : la mise en valeur de la femme en jachère.

***

Alors ?

Solidement organisés, possédant le capital indispensable au départ d'une affaire, ils se lancent sur nos Gallines.

Ils font comme Lucien Carlet à la terrasse du Napolitain. Ils fouillent les bals musettes. Ils s'assoient dans les bars qu'elles fréquentent. Ils commencent à les acheter d'un café crème.

Ils vont en chercher sous les ponts. — Moi, me

dit Jeannot, j'ai pris ma première dans le refuge d'un tram. Elle était tellement sale et pauvre que je la faisais marcher devant. Elle a fait une bonne petite femme.

Ils travaillent surtout dans les malheureuses. La véritable fille de la rue est trop « vicieuse », elle ne se laisse pas cajoler. Le meilleur gibier est la mi-professionnelle, inoffensive, qui ne sait pas où aller coucher. Il y a les marcheurs, qui vont au marché, pour les petites bonnes. Boniment ! Une paire de bas de soie, un chapeau, deux rendez-vous. Elle est dans le filet. Il y a les chasseurs : Un homme est démonté (il n'a plus de femme), il cherche un dessous (une seconde femme), le succès de ce chercheur n'est pas foudroyant auprès des « mangeuses » de café crème, il a recours à un « chasseur » qui plus frais, plus fringant, avec de belles dents, lui rabat la caille.

Il y a les placeurs. Ceux-là font un métier officiel. Leur rôle est d'entretenir le feu sacré, sous l'œil de la loi, dans les « maisons » de France. Ils n'ont pas le droit de s'occuper de l'exportation. Ils le prennent. En permanence dans les bars spéciaux, ils sont au courant de toutes les affaires, de toutes les défaillances et de toutes les neuves misères du quartier. Dans les prix raisonnables de trois mille francs, ils vous livrent parfois un bon objet.

Nous y sommes, dites-vous. Ils n'emmènent pas que des initiées, ils trompent des femmes ! Vous l'avez dit, mais attendez. C'est une histoire vécue que je vous raconte. Il est difficile, déjà, de reconnaître son chemin dans ce Buenos-Aires. Ne me bousculez pas, je perdrais la piste. Soyez bons pour les reporters.

Ils les ont trouvées. Maintenant ils les embarquent par Santander, Bilbao, La Corogne, Vigo, Lisbonne... Jusqu'à ces temps derniers ils avaient un complice, au départ de Bordeaux, un docteur. Ils les embarquaient à Bordeaux. Pour le moment, quand elles partent de France, c'est par Marseille. Dans ce cas il s'agit surtout de « *faux poids* », de mineures. Elles partiront comme clandestines. Le matin du grand jour, les enfants arrivent sur le bateau. Elles n'ont pas de chapeau. Elles ont sur le bras un petit paquet de chemises d'hommes. Les arrête-t-on ? Elles disent : — Je vais porter ce linge à mon père. Elles ne redescendent plus. Il y a d'autres tours ! Le compère « naviguant » les cache. Un bateau en amena deux ces temps derniers. J'ai été les recevoir « dique [1] quatre ». Mais ne me bousculez pas...

1. Quai.

Ils les embarqueraient à Gênes, ils les embarqueraient à Hambourg, ils les feraient transporter par hydravion s'il le fallait. Ce sont des as !

Elles s'en vont !

Les unes comme de vraies passagères, les autres comme des voleuses. On les déguise, on les cache. Elles ne voient pas la mer, elles n'en connaissent que le mal. Avant de leur porter à manger, les matelots regardent de tous les côtés. Elles arriveront au delà de l'Equateur sans avoir vu le soleil.

Cela leur fera vingt et un, vingt-cinq, vingt-huit jours de prison, selon les bateaux. Leur première prison !

C'est le chemin de Buenos-Aires.

Voguent les Gallines !

XI

MOUNE

Elle s'appelait Moune.

Je l'avais rencontrée, un soir, vers les huit heures, figée sur le trottoir de la rue d'Athènes, à Marseille.

Elle n'avait pas l'air d'avoir mangé beaucoup, depuis quelque temps.

Je ne suis ni saint Vincent de Paul, ni même l'un de ses lointains petits-fils.

Un voyageur seulement qui a l'habitude d'être seul à table.

Une invitation à dîner est un beau propos à entendre quand, à l'heure du repas, on rêve timidement d'un café crème.

Elle l'entendit comme une cloche qui annonce un secours.

Je l'emmenai rue des Fabres, dans l'une de ces tavernes à banjo. Il ne suffit pas de donner à manger aux petites femmes qui ont faim, il faut essayer de leur faire croire qu'elles ne s'ennuient pas !

Elle n'osait entrer. Non qu'elle manquât de tenue, mais tant d'ampoules électriques faisaient subitement honte à sa robe et à ses souliers.

Elle était, ce que les hommes du milieu m'apprendraient plus tard à nommer : une malheureuse.

Même pour un homme ordinaire, je dois dire que cela se voyait.

C'était cependant une malheureuse de classe.

Moune avait vingt et un ans et déjà les joues creuses. Elle était jolie, avec distinction. Ses mains étaient de celles qui n'avaient jamais travaillé et ses yeux, quoiqu'ils fussent grands, de ceux qui n'avaient pas encore vu beaucoup de choses — beaucoup de choses de bon.

Elle avait été mariée. Son mari l'avait emmenée au Togo. Il y était mort. Elle savait raconter de belles histoires sur le Togo, la colonisation allemande et le mandat français. Elle était revenue à Paris. Son père ne s'en montrait pas excessivement enchanté. Elle était allée chez sa sœur, son beau-frère voulait l'aimer. Un jour elle avait trouvé un monsieur agréable qui avait une automobile. Elle était montée dans la voiture. Les voici à Marseille. Ils y avaient vécu trois semaines. Puis le monsieur était parti pour vingt-quatre heures en laissant deux cents francs. De cela, il y avait un mois...

Elle revenait dîner, « le moins souvent possible », comme elle disait en manière d'excuse. Avant d'entrer, elle regardait à travers le carreau si j'étais là.

Un jour que mon compagnon Helsey débarquait de Syrie, nous offrîmes tous les deux, à mademoiselle Moune, parce qu'à cette époque nous étions terriblement riches, une toute petite robe de rien du tout et des souliers « qui lui permettraient enfin de sortir les jours de pluie ».

En certains cas, deux morceaux de pain valant mieux qu'un bon conseil et un seul morceau de pain, je ne lui donnais jamais de bons conseils.

Un jour, je lui dis pourtant : Moune, méfie-toi de Buenos-Aires !

C'était sans doute un jour que je ne savais quoi faire.

Puis à mon tour je partis pour la Syrie.

Et le phare du Planier continua de faucher au-dessus de la mer.

Et la mer, de battre le Roucas-Blanc...

Ce soir, j'étais dans Callao, la seizième rue horizontale de Buenos-Aires.

Sinon comme un roseau pensant, du moins comme un piquet, je me tenais là, à l'angle de Sarmiento. Je ne me lassais de regarder les Argentins, à cause du triomphe permanent qu'ils portent, comme une plume, dans leur regard.

Ces gaillards-là, pensais-je, soulèveraient notre Arc de Triomphe à bout de bras, si nous les laissions faire.

Une femme passa. C'était Moune.

C'était Moune. A cela rien à reprendre. C'était elle.

— Oui ! dis-je, aucune erreur, c'est moi !

Ses joues étaient moins creuses. Elle avait autant d'innocence dans les yeux, parce qu'une femme qui a les yeux innocents les garde toujours, même quand elle présente ses amants à son mari.

L'innocence, d'ailleurs, n'a rien à voir avec ces choses-là.

Manon Lescaut était une bien plus belle innocente qu'Agnès.

Mais vas-tu revenir à ton sujet, espèce d'écrivain ?

Elle portait un beau manteau. Coiffée, chaussée, gantée. Les ampoules électriques de la Taverne marseillaise ne l'eussent plus effrayée.

Un changement plus profond dominait le souvenir que j'avais conservé de la jeune égarée. Qu'avait-elle de nouveau ? Je restai, un moment, sans pouvoir le nommer. Bientôt je vis ce que c'était : elle paraissait ne plus avoir faim.

La surprise s'étant éteinte :

— Peut-être es-tu sur les bateaux ? dit-elle.

— Moune, à Buenos-Aires ?

— Tu es le premier ami que je revois, et c'est un vrai plaisir. J'allais passage Guilmès, au café de l'entresol. Viens, on sera bien.

— Tu parais contente, maintenant, lui disais-je tout en marchant.

— Oh ! je ne suis pas heureuse, mais je ne suis plus malheureuse. Je m'étais rendue malade, tu sais, à ne plus manger.

Je connaissais cet entresol. J'allais y voir, de temps en temps, mes petites compatriotes.

— Tu dois avoir une grande histoire à me raconter, lui dis-je, une fois que nous fûmes attablés.

— Ah ! tu la sais bien ! Je dois dire que j'ai eu de la chance. Si personne ne s'était occupé de moi, je serais morte maintenant, ça n'allait pas ! J'en étais devenue toute bête. Pas d'amis, pas de métier, qu'est-ce que tu veux faire ? Je n'avais plus rien pour prendre le train et retourner à Paris. Pendant quatre jours je suis allée à la gare, je me tenais où l'on vendait les billets. J'espérais, sans savoir, que quelqu'un me dirait : je vous ramène à Paris. On ne me l'a pas dit. J'ai écrit à mon père, il ne m'a pas répondu.

C'est une vieille femme qui me couchait momentanément pour rien qui m'a dit : Je vais vous présenter quelqu'un. Quand on n'a même pas de manteau et que l'hiver arrive, tu sais...

— Que répondrais-tu aux gens qui te diraient : Il fallait travailler ?

— Je n'étais pas un homme. Les hommes qui sont comme j'étais peuvent aller au port. On n'y prend pas les femmes. L'équivalent, pour la femme, c'est le trottoir. Moi je ne savais pas faire. Je n'ai jamais pu apprendre. J'étais sur le trottoir parce que je n'avais pas de chambre le jour et c'était tout. Une fois j'ai cherché à travailler dans un magasin de fleurs où l'on demandait quelqu'un. C'était affiché sur la glace. Ils ont dit : Laissez votre adresse, nous irons aux renseignements. Les renseignements étaient tout trouvés ! Je n'avais pas d'adresse. Avant cela ils m'avaient regardée et j'avais senti que je n'étais pas assez bien mise. Si j'avais eu une amie j'aurais emprunté son manteau. Ils m'auraient peut-être employée.

— C'est ce « quelqu'un » qui t'a amenée ici ?

— Il a été très gentil...

— Tu es mariée avec lui ?

— Tu parles comme si tu en étais !... Je ne suis plus avec lui, il m'a échangée.

— Contre quoi ?

— Contre une autre.

C'était du nouveau. Je m'assis plus confortablement... Ce n'était pas le moment de quitter la table.

— J'ai fait le voyage avec lui...

— Que croyais-tu venir faire à Buenos-Aires ?

Elle ouvrit grands ses yeux pour que je pusse y lire sa réponse.

— En arrivant il m'a loué une chambre, dans une famille. J'avais du chagrin, les premiers jours, tu ne peux savoir, mais du chagrin sans pleurer, du chagrin lourd...

— Du brouillard sur le cœur.

— Sur tout le cœur. Si j'avais pu repartir, je serais repartie. Je me sentais trop loin. Ce n'était plus la nourriture qui me manquait, c'était l'appétit. Il venait me chercher pour me promener. Il me conduisait au jardin d'acclimatation, au cinéma, où c'est écrit en espagnol, mais il me traduisait. Il me semblait que j'avais dormi depuis deux mois et que j'allais me réveiller. Quand je pensais à ma misère récente je ne la voyais plus aussi noire qu'elle avait été. Je me disais que, rester sans manger, n'était pas si dur que ça, après tout. A Marseille, je me sentais malheureuse ; ici, je croyais être condamnée, je ne savais à quoi, mais à quelque chose. Cela ne venait que de moi et non de lui. Il était de plus en plus gentil. J'allais sur le port, voir les bateaux qui repartaient. Pourtant c'était l'été, à Buenos-Aires. On dit que cela fait la même chose à toutes. J'étais prête à refuser ce qu'il me proposerait.

— C'est ce qu'ils appellent « être à rebours ».

— Tu les connais donc ?

— Que te disait-il ?

— Qu'il cherchait une bonne occasion pour moi. Un soir il est venu et il m'a dit : Je crois que j'ai changé d'avis à ton sujet. C'est dans ton intérêt. Tu es une délicate. Moi, mes affaires sont à Santa-Fé. A Santa-Fé, il n'y a rien pour toi que du vulgaire. Je t'ai étudiée, je t'ai appréciée. Je ne pense pas qu'à moi. Il faut que tu sois libre. Tu es une femme à faire plutôt son choix. C'est l'appartement qui te convient.

Je l'écoutais, mais un peu comme si j'avais été morte. Alors il m'appela « la princesse », mais pas méchamment. Il n'avait pas d'appartement, il me dit qu'un de ses amis en avait un, et que je ferais beaucoup mieux dans cet appartement, qu'une petite femme qui l'occupait et qui n'y était pas à sa place. Cette petite femme conviendrait très bien, au contraire, pour Santa-Fé. Elle gagnerait plus d'argent sans avoir besoin d'initiative. Bref ! dit-il, il faut mettre chacune à son rang.

Je ne pus m'empêcher de sourire. Je n'ai jamais été du grand monde, mais j'avais changé de monde depuis deux mois que je mangeais.

— Et qu'en pensais-tu ?

— Je ne me reconnais pas beaucoup le droit de penser.

L'autre petite femme appartenait à l'ami, Moune était la propriété du sien. Les deux propriétaires, dans l'intérêt commun, avaient décidé d'échanger leur propriété !

— Il me dit : je vais te le présenter, c'est un garçon honnête. Il a fait la situation de beaucoup de femmes qui étaient encore plus bas que tu n'étais lorsque ta vieille tôlière eut la bonne idée de nous présenter. Il ajouta que s'il me parlait aussi franchement c'est qu'il se rendait compte de ma valeur morale. Avec une autre, il aurait traité l'affaire sans lui demander son avis.

— Et l'amour, Moune ?

— Ah, tais-toi ! Il n'y avait qu'association.

Sur l'une de ses mains elle posa l'autre, et pimpante, le buste mutinement redressé, elle dit :

— Tu vois, j'ai appris la vie en peu de temps. Il me dit que son ami allait venir et de passer ma robe noire qui m'allait bien. Il me l'avait achetée, je pouvais bien la passer ! C'est de curieux moments, tu sais.

Et l'homme vint. Et Moune fit le mannequin. On l'amena visiter l'appartement. Elle y resta. On l'avait retirée du puits de la faim. Comme elle était presque nue ainsi qu'il convient quand on sort d'un puits, on l'avait habillée. Maintenant, elle devait payer.

— Tu vois, je paye !

XII

CASA FRANCESA

Bonaparte formait parfois ses troupes en carré. Il faisait ouvrir le feu sur les quatre faces, au commandement.

Buenos-Aires est disposée comme l'étaient les armées du défunt général.

La ville s'avance, carré par carré, pour livrer bataille à la pampa.

Sur les quatre faces de ses carrés, Buenos-Aires, également, ouvre le feu.

Ce n'est pas le même.

Que la paix de Notre Seigneur soit sur les innocents qui ne me comprendraient pas.

On va. On arpente la ville-capharnaüm. Sans espoir, on marche. On marche comme les ânes attelés à la noria, comme les esclaves condamnés à la meule. Une nuit j'ai même rêvé qu'ayant commis un crime affreux, de justes jurés m'avaient infligé comme châtiment de me promener toute la vie dans Buenos-Aires. Je me réveillai. J'en pleurais !

Le courage est une vertu. J'ai toutes les vertus, alors j'allais par la grande capitale. La pluie, le soleil, le Pampero, rien n'arrêtait ma folle course. Les trams qui donnent le frisson aux trottoirs, tellement ils les rasent de près ; les crieurs de journaux du soir : *Critica, La Razon, Cri-ti-ca.* Ah ! les incas ! qui me dévalaient dans les jambes ; les foules figées devant les *remates*[1]. Rien. Rien. J'allais.

Parfois, cependant, je levais les yeux. Je voyais des maisons sans étage, au milieu de maisons qui en avaient beaucoup. Elles étaient les survivantes de l'âge héroïque, alors que le conquérant n'avait que le temps de déplier sa tente. Elles avaient changé de destination. Leur porte vitrée affichait le rideau réglementaire, rideau crème ou rideau rose. Aussitôt je baissais les yeux. J'allais.

Je passais de Cangallo dans Sarmiento, de Corrientès dans Lavalle, de Tucuman dans Viamonte. J'allais du numéro deux cents au numéro deux

1. Ventes aux enchères.

mille. Je levais timidement les yeux : un rideau rose ! Je les baissais. Je parcourais cent mètres : un rideau crème. J'allais. J'allais.

Fatigué des rues perpendiculaires, j'enfilais les rues parallèles. On me voyait dans Suipacha, dans Esmeralda, dans Maïpu, dans Florida. Je redescendais dans 25 de Mayo. Je remontais jusqu'à Médrano : des rideaux, toujours des rideaux, encore des rideaux.

Monsieur ! criai-je. Ah ! monsieur, ne courez pas si vite (ce monsieur que je n'avais jamais vu s'arrêta). Pitié, lui dis-je, pour un pauvre calculateur. Dites-le-moi, vous qui semblez secourable à votre prochain, combien la belle ville de Buenos-Aires compte-t-elle de rideaux réglementaires ? Mille ? — Encore plus. — Douze cents ? — Plus encore ! — Deux mille ? — Montez toujours. — Trois mille ? Hélas ! je ne saurai ! mon informateur avait pris au vol le tramway numéro 25.

Ce sont les *Casa Francesa*.

Pas de timidité. Suivez-moi. Montons ensemble les cinq marches qui, elles aussi, peut-être, sont réglementaires. Sonnons. Vous n'osez pas ? Je sonne. Le beau timbre ! clair, net, argentin ! Le rideau bouge. Ne vous sauvez pas. On nous fait passer l'examen. Nous sommes reçus. On peut entrer. La porte est large. Entrons, mes amis, vous n'êtes tout de même pas des enfants de chœur !

Par la Madone ! C'est comme pour prendre un autobus.

On va nous distribuer des numéros. Cinq assis sur le banc, trois sur des chaises, quatre debout. C'est trop. Allons ailleurs.

Laissez-vous entraîner. C'est à cent mètres. Sonnons. Passons brillamment l'examen. Entrons.

Par sainte Barbe qui devrait être patronne des perruquiers, mieux vaut aller chez le coiffeur la veille du saint jour de Pâques ! Sortons.

La belle promenade ! Que va dire mon ange gardien ? Entrons.

C'est comme à la sacristie le jour d'un grand mariage. Elle en a des amis, la mariée ! Pour la troisième fois, sortons ! Je ne sais pas exactement comment l'affaire se passe ; à vue d'œil, grosso modo, nous aurions une heure quarante-cinq à attendre. C'est trop. Ces Argentins si pressés dans la rue, ne le sont guère dans la *casita*. Au fait, j'ai peut-être le mot de l'énigme. S'ils courent autant ne serait-ce pas pour arriver les premiers ici ?

Martelons d'un pas solide, sinon encore vainqueur, le bitume de Buenos-Aires. Entrons-nous ici ? Là ? Dans l'autre ? A votre choix. Mais ce coup-ci, mes amis, si nous entrons, prenons un siège.

Cette tournée-là, avouons-le, pourrait être plus épuisante. Telle qu'elle est, elle comporte des fatigues. Ne nous abîmons pas, tenons-nous frais.

Entrons !

Honneur à ta vitalité, Argentine, vague sœur !! Qu'il est beau de voir un peuple puissant et discipliné. Ils sont neuf qui patientent, encore, ici. Eh bien ! nous serons dix. Je m'assois au bout du banc.

Je comprends pourquoi les journaux de Buenos-Aires ont quarante, cinquante, et même soixante-deux, soixante-six pages les dimanches ! Autrement il faudrait acheter un roman quand on irait rendre cette visite.

Que d'hommes et quels hommes ! Vive le soleil austral qui donne une telle vigueur aux plantes qu'il réchauffe ! Ah ! la *Raza*[1] n'est pas dégénérée. Je me demandais pourquoi la Républica célébrait chaque année la fête de la race. La Race? me disais-je, dans un pays qui justement n'est fait que de la fusion des races, voilà qui prête à confusion. Fêtez la race ! frères à peu près latins ! Elle est bonne !

Tiens ! je ne suis déjà plus le dernier. Voici un onzième candidat. Je voudrais bien te faire une

1. Race.

place, ô frère ! sur ce banc d'infortune, où nous voici sages, serrés et la même espérance au cœur. Quel radeau ! quand j'y pense ! Mais regarde, j'ai beau pousser, cela ne rend rien. Le onzième est touché par tant de bonne volonté. Il me remercie d'un sourire. Il restera debout. Il regarde l'heure à sa montre. Il compte ceux qui le précèdent. Il a le temps ! Alors il sort sa provision de cigarettes et déploie *la Razon*.

Attendons !

Une porte s'ouvre. Un homme apparaît. Il a fini son travail. C'est un homme heureux. Il s'en va !

Et la voici. Salut à toi, Galline !

Trois patients se lèvent, que va-t-il se passer ? Pourvu qu'ils ne se boxent pas, pour savoir qui entrera le premier ? Non ! ils plient leur journal, ils sortent.

— Pourquoi ces trois messieurs désertent-ils ? demandai-je poliment à mon voisin.

— Je ne sais pas, parce qu'ils préfèrent les brunes, peut-être.

Je remerciai.

—Ou qu'ils aiment les grosses.

Je remerciai.

— Ils vont voir ailleurs.

Je remerciai.

L'échantillon de France était présentable. Jeune,

frais, pas souriant, bien sûr ! Elle ne vendait pas sa grâce !

— Ils sont bien difficiles, me dit le voisin, en parlant des déserteurs.

— C'est assez mon avis, monsieur, répondis-je, autant pour le satisfaire que pour venger l'affront fait à ma compatriote.

Ayant constaté qu'elle avait cessé de faire le vide, la Galline s'avança.

Deux hommes se levèrent. L'un, plus audacieux, prit la main de la Franchucha. — Pardon ! fit l'autre, pardon ! j'étais là avant vous.

— Alors viens, dit-elle, c'est à toi.

L'audacieux réoccupa sa chaise.

Tirons le rideau. Attendons.

J'avais gagné quatre places !

J'ai connu les camps anglais, pendant la guerre. En octobre 1915, à Mytilène, je fus témoin des prévenances militaires à l'égard des troupes évacuées des Dardanelles ! J'ai vu travailler M. Robert au cours de la dernière campagne de Syrie. Du moins, les candidats étaient en uniforme. Et puis c'était pour la Patrie !

Là c'est pour cinq pesos.

Le premier lisait la *Prensa*. Il était plongé dans une grande dépêche de Londres, au sujet de la grève des mineurs. Le second lisait *El Diario*. Le troisième ne lisait rien. Les mains dans les poches de sa veste, les jambes allongées, ses pieds faisant bâiller le plancher, il était triste, profondément triste, effroyablement triste. Le quatrième n'avait pas l'air gai. Il se leva. Il se dirigea vers la sortie. Il ouvrait la porte quand la Galline réapparut. Six minutes lui avaient suffi.

L'indécis se retourna. Il la regarda. Il la regarda bien. Du pied il referma la porte et, décidé, il revint s'asseoir à son rang.

— On croyait avoir gagné une place, dis-je au suivant, mais il est revenu.

— C'est ce que nous appelons un bafouilleur, me dit l'honorable voisin qui, lisant *Critica*, parlait tout en lisant.

La Galline emmena le lecteur de la *Prensa*.

Le silence retomba sur la salle d'attente.

Le timbre retentit. La portière écarta le rideau. Elle n'ouvrit pas. L'œil avec lequel je regardai la dame de la porte dut être chargé d'un vif reproche, car elle crut bon de me donner une explication.

— Atorrante ! fit-elle.

— Atorrante ? demandai-je au lecteur de la *Critica*.

— Un va-nu-pieds, un pouilleux !

— Pour la Boca, conclut la portière. Ici, pour *Messieurs sérious*.

— Vous êtes vraiment aimable, fis-je à mon voisin, moi je ne suis pas pressé. Voulez-vous prendre ma place ?

— Avec plaisir !

Et il passa devant sans hésitation.

Mon tour arriva. Je franchis le seuil.

Elle s'appelait mademoiselle Opale !

— Tu es français, tu es sur les bateaux, veux-tu être très gentil ?

— Opale ! quel est le marchand de cailloux qui t'a baptisée ?

— Apporte-moi des parfums. Je te les paierai. Autant de flacons que tu pourras. Moi je vais t'offrir du quinquina.

Elle était dans le pays depuis huit mois.

— Entends ! Entends-les encore sonner. C'est toujours comme ça !

Elle s'y était habituée. Mais ses débuts, sa première semaine, elle ne pouvait l'oublier.

— 402 ! tu te rends compte ?

Elle en laissa retomber ses bras pour mieux rappeler cet effort.

— On dit que ce sont les députés socialistes qui ont organisé la maison à une femme pour qu'on ne puisse plus nous exploiter. Qu'ils viennent donc à notre place, seulement un jour, les députés !

— Ils ne pourraient pas se rendre compte, les clients s'enfuiraient.

— Tu crois ça ? Ils n'y regardent pas de si près, c'est moi qui te le dis ! Tu sais, on ne soupçonne pas, chez nous, un pays comme celui-là. Ce ne sont pas des fatigués ! Comment feraient-ils si nous n'étions pas là ?

— Opale ! lui dis-je ! mais je ne puis cependant pas t'appeler Opale, comment t'appelles-tu, humainement parlant ?

— Je m'appelle Germaine.

— Eh bien, Germaine, d'abord ton quinquina n'est pas mauvais ; ensuite je t'apporterai des parfums, mais que faisais-tu, en France, avant de prendre le bateau ?

— Ah ! dit-elle, qu'est-ce que ça peut te faire ? Moi ? je vendais des souliers dans un magasin de l'*Incroyable !* Mais bois donc ton quinquina !

Elle ne voulut parler davantage.

— Tu parais être une bonne fille.

Elle regardait le bout de ses petites chaussures :

— Une bonne fille, reprit-elle, dans une peau de grue !

Je sortis dans la rue, je pris mon crayon.

402 × 5 = 2.010 pesos.

Le peso valait 14 fr. 25.

$$2.010 \times 14{,}25 = 28.642{,}50.$$

Vous pouvez tomber foudroyé sur le sol, cela ne changera rien à l'affaire.

Ouvrez le ban :

Mademoiselle Opale a rapporté 28.642 fr. 50 au cours de sa première semaine d'activité.

Fermez le ban !

XIII

LE MÉTIER DE MAQUEREAU

Je gagnais Suipacha, septième rue parallèle.

J'avais subitement besoin de précision. C'était un impérieux besoin.

En effet, mon cerveau était transformé en machine à multiplier.

Mes multiplications devenaient vertigineuses. Je multipliais les pesos par des francs, les semaines par des mois, les mois par des années.

J'obtenais un total, ce total ne constituait que le gain d'une femme. Je multipliais une femme par deux femmes, par trois femmes, par quatre femmes !

J'atteignais à des sommes qui étaient des sommets. J'étais ébloui.

Il est mauvais d'être ébloui. On ne voit pas devant soi. On en arrive fatalement à cogner son nez contre l'un de ces lampadaires que l'on éclaire au gaz.

Et puis quand un cerveau se met à multiplier on ne sait jusqu'où le mènera l'art de la multiplication. Il faut l'arrêter dans sa marche à la lune. C'est pourquoi je courais du côté de Suipacha.

Là, j'y trouvai mes amis jouant aux cartes.

Il y en avait de nouveaux. On me les présenta.

Victor était là. Cicéron aussi. Un nommé Jean-Philippe qui, depuis deux jours, guide volontaire, me rendait d'incalculables services. Jean le Barman avait fait un saut de Montevideo, justement pour me voir.

Ah ! je n'avais plus à chercher mon pain au milieu du désert de l'Indifférence ! J'étais dans le pétrin jusqu'aux épaules et je brassais la pâte avec passion !

J'enlevai Victor, Cicéron, le Barman et Jean-Philippe.

Plutôt c'est Victor qui nous enleva jusqu'à son appartement de Maïpu.

— Attendez ! leur dis-je, nous allons procéder avec ordre. Avant de m'avancer plus avant, je dois reconnaître ce qui m'entoure. Combien avez-vous de femmes, Victor ? — Trois ! — Trois aussi, fit Cicéron.

La barman et Jean-Philippe n'en avaient chacun que deux.

— Tout à l'heure j'ai fait la connaissance de mademoiselle Opale. Elle m'a confié qu'elle avait allumé 402 fois la lampe, en une semaine, dans sa casita.

— Opale ? fit Cicéron, à qui ce lot appartient-il ?

— Ah ! dis-je, pas à moi, hélas !

— Je crois bien que c'est à Adrien, fit Victor.

— A cinq pesos l'allumette et à cinquante-deux semaines par an, Adrien n'eût-il que mademoiselle Opale, gagne donc 1.489.510 francs en douze mois !

— Et après ? firent mes compagnons.

Je les regardai comme un lapin regarde un puissant phare d'automobile !

Ou comme une gazelle regarderait un tigre qui lui apporterait une tasse de lait.

Ou comme une colombe déjà plumée, lardée et salée regarderait de ses yeux vides les membres de la Société des Nations qui continueraient de l'appeler un bel oiseau !

Ils m'offrirent un verre de porto pour me remonter.

— Allez-vous mieux ? fit Jean-Philippe, qui était rempli de prévenances.

Je tendis mon verre une nouvelle fois. Ils l'honorèrent. Je bus. J'allai mieux.

— Je ne veux pas de mal à vos multiplications,

fit Victor. Elles doivent être justes, mais elles n'ont aucun rapport avec la réalité. Du train où vous allez, j'aurais sept ou huit millions. C'est une plaisanterie.

Nos affaires sont comme toutes les affaires : capricieuses.

Je viens de vous répondre : j'ai trois femmes. C'est exact pour le moment. Demain je n'en aurai peut-être que deux, peut-être plus qu'une.

Nous avons nos risques professionnels.

En dehors de la femme que nous appelons la femme de base... et que plus tard, la folle jeunesse passée, nous épouserons, le reste est un peu de l'équilibrisme.

Des clients nous les enlèvent. Parfois c'est la maladie. Il y a les mois d'hôpital.

Quatre cent deux jetons en une semaine ! ce n'est matériellement pas impossible. Toutefois, c'est du travail exceptionnel !

C'est une vitesse de circuit.

Une femme peut-être qui s'est piquée d'honneur.

La moyenne commerciale est beaucoup moins brillante.

Je ne parle pas de la Boca, où certains jours de rush, le mercure fait éclater le thermomètre.

Mais, en général, quand une femme de casita délace de trente à trente-cinq fois sa sandale dans une journée, on peut lui rendre hommage, c'est une bonne travailleuse.

Voilà la recette. Maintenant et les dépenses ?

L'œil de Victor s'éclaira d'une lueur goguenarde et Victor se frotta les mains comme lorsqu'on aiguise un couteau contre un autre couteau, prêt à me découper, pour me manger ensuite.

— Et les dépenses ? A pied d'œuvre, une femme revient à trente mille francs, soit que vous alliez la chercher en France, soit que vous la fassiez venir, soit que vous l'achetiez sur place. Ceci n'est rien. La location de la casita ! de sept à huit cents pesos par mois. L'entretien de la maîtresse et de la bonne. L'argent envoyé chaque mois à sa famille. Les *multa* (les amendes). Les gâteries ! Le coulage ! Supposiez-vous que nous n'avions qu'à tendre la main ?

Le métier de maquereau, monsieur Albert, n'est pas un métier de père de famille ! Il nous faut être administrateur, éducateur, consolateur, hygiéniste. Du sang-froid, de la psychologie, du coup d'œil, de la douceur, de la fermeté, de l'abnégation ! De la persévérance ! Savez-vous quels sont, plutôt quels étaient nos principes dans le temps où le *Milieu* n'était pas contaminé ? Nous devions être corrects partout, aussi bien dans les mauvais endroits que dans un salon.

Nourrir notre famille et la famille de notre femme.

Aider toutes les misères selon nos moyens.

Donner un habit, même s'il était encore bon, à un déguenillé.

Faire le bien à bon escient et la charité au hasard.

Ne pas voir battre un plus faible.

Se laisser arracher les ongles un par un plutôt que de livrer un camarade, même s'il était coupable.

Déjouer les perfidies de la femme, c'est-à-dire la dénoncer à son « mari » si l'inconsciente vous faisait des avances.

— Eh bien ! vous feriez du beau travail dans la société ordinaire, avec votre dernier principe !

— Aussi, voyez où cela vous a conduit !

Hélas, notre milieu aujourd'hui n'est plus aussi propre. Chez nous, comme chez les autres, la guerre a fait son œuvre démoralisatrice. Les jeunes s'appellent maintenant des « vrais de vrais ». Vrais de vrais ! laissez-nous rire, nous les anciens. De notre temps il n'y avait que des hommes. Quand on est un vrai de vrai on ne le dit pas. On le cache ! Moi je suis venu en Argentine comme marchand de chevaux. Un monde qui n'a plus ni pudeur ni discrétion, voilà bien le spectacle donné par notre époque !

Nous avons honte de notre nouvelle génération.

Pas de tenue, de l'arrogance. Rien à l'actif de tous ces débutants, sinon une malheureuse qui leur rapporte juste de quoi manger un bifteck dans les bas morceaux, et ça crâne, ça fait le victorieux, la casquette « à la sportive », la cigarette dédaigneuse. De l'estomac, mais rien dans le ventre. En revanche, mettez-les devant un policier et vous les verrez à table ! Ce sont des escargots, ils dégorgent tout ce qu'ils ont sur le cœur dès qu'on les fait jeûner.

Nous, nous ne nous vantons pas de notre profession, mais nous en avons le respect.

— Et comment la respectez-vous ?

— Comment ? En lui consacrant tous nos instants. En l'élevant le plus possible. J'irai jusqu'à dire : en la moralisant.

L'homme du milieu, le vrai et non pas le vrai de vrai, maintient la femme en dehors de tous les vices.

Sans nous que font les femmes ? elles fument, elles boivent, elles dansent, elles prisent de la coco, elles s'offrent des béguins, elles découchent, elles se marient entre elles !

Les trois autres, à ces derniers mots, furent soulevés par une profonde indignation :

— Oui, dit Cicéron, voilà jusqu'où elles poussent la dépravation !

— Sitôt qu'elles ont gagné quatre sous, elles ne travaillent plus. Elles restent couchées dans la crasse ou bien font la noce. Elles ont vingt ans et on les ramasse soûles sur le trottoir ! Au lieu d'acheter du linge, elles boivent des petits bordeaux blancs. Elles sont sales, les ongles noirs, les cheveux gras. Vite, elles perdent toute dignité. Vous en voyez qui se battent. Elles ont de gros mots dans la bouche. Nous remplaçons tout ça.

On la prend, on la lave, on la récure. On l'habille décemment. On lui donne le goût du linge propre. On l'arrache à ses basses fréquentations.

— Tenez, fait Jean-Philippe, moi j'ai payé un professeur à la mienne. Elle ne savait ni lire, ni écrire. Son père et sa mère ne l'avaient pas fait !

— On lui apprend l'économie et le devoir envers la famille. Sans nous vanter nous pouvons affirmer que quatre-vingt-dix pour cent de ces femmes n'avaient jamais soutenu leurs parents. Depuis qu'elles ont un homme, elles envoient régulièrement à la vieille grand'mère, au père malade, aux petites sœurs. Plutôt, c'est nous qui envoyons pour elles. Voulez-vous voir les talons des mandats ?

Victor ouvrit son secrétaire. Les talons étaient là. Il y en avait deux paquets. Le premier paquet concernait la famille de sa « femme », le deuxième celle de sa « môme ».

— Cela leur apprend le plaisir de faire le bien. Quand arrivent les lettres de remerciements, les femmes sont heureuses. Elles ont plus de cœur au travail !

Il continua :

On la débarrasse de tous ses vices : tabac, paresse, goût irraisonné de l'amusement.

Nous lui apprenons à s'habiller. Au début nous sommes forcés de nous fâcher pour leur faire acheter une paire de souliers convenables. Elles disent que des chaussures de trente francs feront aussi bien ! Mais là, nous obtenons des résultats rapides. Bientôt rien n'est trop beau. Quand on arrive au diamant, il n'est jamais assez pur. Il ne faut pas qu'il ait un crapaud !

— Tenez, dit Jean le Barman, je vais encore vous montrer ce que nous sommes. Moi j'ai eu « un maximum de jeunesse et de beauté ». Mado, prix de beauté d'une province de France en 1921. Elle s'est amourachée d'un natif de par là. L'ai-je contrariée ? J'avais fait de grosses dépenses sur elle. Le natif me les a remboursées. Et j'ai laissé partir cet oiseau d'or vers son bonheur. — Tiens, m'a-t-elle dit, je t'abandonne tout, mes fourrures, mon linge, mes bijoux. Je vais faire venir ma sœur, tu l'habilleras. J'ai été heureuse avec toi, sois heureux avec elle. Elle a non seulement fait venir la cadette, mais aussi la plus jeune. Une mineure ; je ne savais qu'en faire sur le moment. J'ai partagé les vêtements et les bijoux. Mado avait fait son chemin. La plus jeune a suivi ses traces. Je m'occupe encore de la seconde.

Le Barman sourit :

— Cette petite histoire semble finie, dit-il. Elle ne l'est pas. Voici la fin. Deux ans plus tard, je vois arriver mon prix de beauté, tenez ! dans le café de Suipacha où vous m'avez trouvé, tout à l'heure. Elle était repentante. — Reprends-moi, dit-elle. Le natif s'était fatigué, comme de coutume !

— Tu sais bien, lui dis-je, que je suis avec ta sœur. — Je ne veux pas faire de tort à ma sœur, dit-elle, garde-la comme femme puisqu'elle vaut mieux que moi, et prends-moi à conditions comme fille d'amour. Tu me mettras tant de côté par mois !

On n'est pas insensible ! Elle était d'ailleurs assez punie d'avoir perdu son grade. Je consentis. N'ai-je pas été le bienfaiteur de cette famille ?

— C'est pour vous montrer que le métier n'est pas sans comporter des charges et des devoirs, fit Victor.

— Et vos bénéfices ?

— Des hommes comme nous, honnêtes, rangés, après cinq ou six ans de ce dur travail, s'ils rentrent en France avec quinze cent mille francs, peuvent se dire contents. Vous voyez que nous sommes loin de vos multiplications.

C'est une rude affaire, vous savez, que de conduire ce petit monde.

— En somme, leur dis-je, je vois ce qu'il en est : vous êtes les jockeys de la femme !

L'expression leur parut heureuse.

XIV

CE QUE CES FEMMES PENSENT DE CES HOMMES

Tant qu'une femme est en possession de son homme, elle n'en pense rien. Elle lui donne son argent, cela lui suffit.

J'ai entendu ceci :

— Maintenant, Rosette, tu peux garder tes sous, je suis riche.

La femme répondit :

— Si je ne te donne plus mes sous, pourquoi rester ensemble ?

Elle donne sa bourse à son homme comme une mère son sein à son enfant, jusqu'à l'épuisement s'il le faut.

Quand une femme est délaissée, qu'elle reçoit une lettre dans ce genre : « Ma chère petite Rirette, Je n'ai pas eû le courage de te mettre hier au courant d'une résolution, aussi je te l'écris. Je te quitte. Des obligations me font un devoir de rompre avec ma vie passée. Adieu. Je souhaite que tu deviennes bien raisonnable et bien intelligente.

« Je te remercie des gentillesses que tu as eues pour moi pendant deux ans. Je t'embrasse une dernière fois... »

Alors la femme sanglote. Puis, elle va boire. Plus elle boit, plus elle pleure. Et plus elle pleure, plus elle boit. Elle crie qu'elle est une malheureuse, qu'on a abusé d'elle, qu'elle lui a tout donné, qu'elle se privait de manger pour qu'il eût davantage.

— C'est un bonheur, lui dit-on. Maintenant, tout ce que tu gagneras sera pour toi !

Mais cette pensée la jette dans une désolation encore plus profonde.

Et cette fois aussi, c'est tout ce qu'elle pense.

XV

OÙ JE FAIS UN JOLI COCO EN VOULANT FAIRE L'APOTRE

Un matin d'octobre dernier le Consul de France à Buenos-Aires recevait la lettre que voici :

« Monsieur le Consul,

« Ma fille, Germaine X..., couturière, a quitté brusquement notre maison, au mois d'août dernier. Des recherches que nous avons faites nous avons d'abord appris qu'elle s'était embarquée à La Pallice pour Buenos-Aires.

« Depuis nous avons reçu une lettre d'elle, datée en effet de cette ville. Elle ne me parle pas de la profession qu'elle exerce, mais me dit gagner beaucoup d'argent. Elle avait joint à sa lettre trois billets de cent francs. Cet envoi me paraît louche.

« Elle me donne comme adresse : 445 Cerrito. (Mon libraire !)

« Je crains qu'elle ne soit victime de la traite des blanches. Et voici pourquoi : Des gens du quartier m'ont dit qu'un monsieur bien habillé la raccompagnait souvent à la maison. De plus, elle avait quelques petites dettes, toujours dans le quartier, entre autres chez sa modiste. J'ai appris qu'après son départ deux messieurs, bien habillés aussi, étaient venus régler ces arriérés en son nom.

« Je vous supplie, monsieur le Consul, de rechercher ma fille. C'était une bonne petite très honnête, pas vicieuse, ayant toujours travaillé. Je n'y comprends rien. Elle est maintenant tout mon chagrin. Voici son signalement et son état civil.

« X. »

Le Consulat de France passa aussitôt l'affaire à la Préfecture de police de Buenos-Aires.

Quatre jours après il recevait la lettre suivante :

« Très honoré Consul de France,

« Nous avons l'honneur de vous faire savoir, en réponse à votre lettre du 9 octobre, que la fille Germaine X... exerce présentement, sous le nom de mademoiselle Rubis, le métier de prostituée dans la casita 2016 Uruguay. Elle nous a déclaré être venue librement en Argentine, être entrée dans la prostitution à son propre bénéfice, dans le but de réunir des fonds pour se consacrer au théâtre après son retour dans son pays.

« Veuillez croire, très honoré Consul... »

Mademoiselle Rubis ! Mademoiselle Opale ! J'ai rencontré une demoiselle Turquoise, ainsi qu'une demoiselle Diamant. Les hommes du milieu doivent être d'anciens joailliers. Il faudra que je me renseigne. A moins qu'ils ne procèdent par « type » comme les compagnies de navigation, par exemple : *type île :* Malte, Lipari, Ouessant. *Type mousquetaire :* Porthos, d'Artagnan, Aramis. Il doit y avoir, dans la prostitution, le type pierre précieuse !

Le Consul de France envoie un délégué 2016 Uruguay. Bel emploi, pour peu qu'on y songe, que cet emploi de délégué. Nous avons déjà un attaché militaire, un attaché naval, un attaché commercial. Délégué dans les Prostibulos de la República Argentina ! Dommage que ce poste diplomatique n'existe pas officiellement. Pour une fois je demanderais quelque chose à la República Francesa !

Le délégué revient de la Casita au Consulat. Il est accompagné de mademoiselle Germaine. Je connais cet attaché de consulat, c'est un très galant homme. Aussi je ne doute pas que pour effectuer le trajet, il n'ait offert son bras à sa toute gracieuse compatriote.

La voici dans le bureau de M. le Chancelier.

Honneur aux fonctions consulaires qui conduisent, comme vous voyez, à l'apostolat !

M. le Chancelier fait asseoir la douce enfant. Il est bon. Elle a peur. Il la rassure. Il lui parle au nom de sa mère. L'enfant sanglote. Il active les sanglots en lisant la lettre maternelle. Il lui montre l'horizon : l'hôpital, la misère, la déchéance. Il lui tend la main. Elle la lui embrasse. Ce n'est pas ce que voulait M. le Chancelier. Mais il connaît la vie, il passe là-dessus ! Il la supplie de ne pas retourner à sa casita. Il va la faire conduire à la Société de Rapatriement. On paiera son voyage. Elle reverra sa mère...

L'enfant a pleuré mais n'a pas cédé. Elle a promis de réfléchir. Elle est majeure. Sans repoudrer son visage, bouleversée, elle descend les cinq étages du Consulat de son pays. Et la foule étrangère l'engloutit plaça Lavalle !

Le lendemain M. le Chancelier du Consulat de France recevait ceci : une lettre.

« Monsieur le Consul,

« J'ai été très touchée de vos bons conseils, et moi qui n'ai jamais connu de père, j'aurais voulu en avoir un comme vous.

« Je vous supplie de ne pas faire exécuter vos ordres au sujet du rapatriement, car je suis décidée à faire une bêtise irréparable si l'on me renvoie en France.

« Je suis heureuse comme je suis. Je sais la conduite que j'ai à tenir et les devoirs qui m'incombent.

« Je vous demande à genoux de ne plus vous occuper de moi, autrement, pour dérouter la police, je partirai pour un autre pays.

« Votre très respectueuse,

« GERMAINE X... »

J'espère que vous reconnaissez la main de mes amis !

Une semaine plus tard, le courrier d'Europe apportait une nouvelle lettre au Consulat. Elle venait de la mère :

« Monsieur le Consul,

« Je me suis rendue à la police de Paris qui m'a promis de rechercher ma fille. J'ai peur, de plus en plus, qu'elle ne soit la victime de la traite des blanches. En effet, j'ai reçu des nouvelles de mon enfant, et dans l'enveloppe il y avait encore quatre billets de cent francs pour me soigner et bien faire élever son petit frère, et nous acheter des médicaments. Je ne connais pas votre pays, mais il me paraît impossible qu'une couturière gagne des sommes aussi considérables. Je vous en supplie, monsieur le Consul, etc... »

— Ecoutez, dis-je au Consul et au Chancelier, vous ne pouvez cependant passer votre existence dans les Prostibulos. Que dirait le Quai d'Orsay ? Tandis que moi ! De plus, au point où vous me voyez, je ne puis guère me mouiller davantage. Donnez-moi la lettre. Je vais aller voir l'enfant.

Et je pris le chemin du 2016 Uruguay.

Honneur aux fonctions de reporter qui conduisent, comme vous le voyez, à l'apostolat !

Par le cheval blanc d'Henri IV, par la barbe de Léonard de Vinci, par la cigarette tombante de M. Aristide Briand, je ne pourrai jamais, jamais, jamais m'habituer à Buenos-Aires. Au milieu de tous ces carrés, on se sent l'âme d'un fauve qui se promène derrière ses grilles. On peut voir la vie en rose, on peut la voir en noir, mais en carrés !

Enfin ! ce n'était pas trop loin. J'arrivai.

La Casita, le rideau crème. Le bouton électrique. Dring ! Entrons. Ah ! portière que tu as une vilaine figure. Tu as des moustaches, un œil nuageux, tu n'as même plus quarante-cinq ans. D'où sors-tu, ballerine des enfers ?

— J'y souis portouguèse !

Respect au Portugal. Taisons-nous. Il y a quatre clients. Me voici encore le cinquième. Pourvu qu'ils soient pressés ! Au fait, je n'ai qu'à tout bousculer. Ne suis-je point revêtu, pour la circonstance, d'une espèce d'uniforme officiel ? Il ne se voit pas mais je le sens. C'est moi le faux Consul !

J'attends.

La porte de la salle d'opération finit par s'ouvrir. L'enfant apparut.

Pas mal ! L'air comme il faut. Ah ! Buenos-Aires !

Je bondis. Je cerne la vestale. Les autres protestent en espagnol. J'entraîne ma catéchumène. Je tire moi-même le rideau. Je veux dire que d'autorité je ferme la porte.

— Mademoiselle ! ce n'est pas mademoiselle Rubis que je viens voir, c'est mademoiselle Germaine.

Elle comprit.

— M. le Chancelier du Consulat de France vous a fait venir à son bureau la semaine dernière.

— Pourquoi recommencer ? J'ai écrit. Alors je vais m'en aller.

— Ce n'est pas le Consulat de France qui recommence, c'est votre mère.

Je lui présentai la lettre.

Elle pleura. Elle pleura davantage après l'avoir lue.

Ce peignoir ! ce décor ! ces pleurs ! Buenos-Aires !

— Vous croyez faire du bien, lui dis-je, vous faites du mal.

Elle prit un manteau qui pendait à sa porte et, tout en pleurant, geste d'une pudeur venant de très loin, elle le revêtit.

— Craignez-vous des représailles ? Le Consulat vous prend sous sa protection.

— Je fais ce que je veux.

— Avec qui êtes-vous « mariée » ?

— Avec personne !

— C'est un homme qui vous maintient là. Il ne peut en être autrement.

— C'est pour ma mère, c'est pour mon frère que j'y suis.

— Contre eux.

— Pour eux. La misère était trop grande. Pas de charbon en hiver. Pas d'argent pour se soigner. Avec mon gain, je n'aurais même pas mangé seule, il fallait vivre à trois. Alors ma mère partait travailler, qui ne pouvait seulement plus marcher. Non ! Non !

— On n'a aucun droit sur vous. Vous avez vingt et un ans. C'est seulement au nom de votre mère.

— Faut pas lui dire ce que je fais. Vous devriez même lui écrire que je suis très sérieuse. Tout ça, c'est la jalousie des gens de la maison parce qu'aujourd'hui elle mange et qu'elle va chez le pharmacien. C'est moi qui veux rester ici, c'est moi ! Dans deux ans j'aurai cent cinquante mille francs. Je rentrerai. J'achèterai une petite boutique. Je ne verrai plus souffrir les miens.

— A cela nous ne pouvons rien. Nous pouvons seulement vous délivrer de l'homme qui, peut-être, vous tient par la menace.

— Ce n'est pas vrai ! Il m'a même dit, l'autre jour, après la séance du Consulat : pars si tu veux partir. Mais si tu ne veux pas ne crains rien. Et si c'est lui qui a fait la lettre, c'était la lettre que je voulais écrire.

Ce n'est pas vous, dit-elle qui viviez avec ma misère.

Cinq jours plus tard, Vacabana dit Le Maure m'amenait « l'homme » de mademoiselle Rubis.

Je ne puis dire qu'il avait l'air d'avoir savouré mon apostolat.

Il me reçut d'un seul mot : Merci !!

Cela signifiait : vous auriez pu rester où vous étiez.

— Chacun son rôle, lui dis-je. Je ne pose pas pour l'un de vos collaborateurs.

L'incident étant clos :

— C'est mieux ainsi, fit-il. Vous avez vu comment nous séquestrons les femmes. Notre intérêt à nous est de ne pas avoir d'histoires. Après la première démarche du Consulat, je lui ai dit : Va-t'en. Elle a supplié : Garde-moi. Allons la voir ensemble. Je lui dirai moi-même de vous suivre. Vous l'emmenez sur-le-champ si elle accepte. Je ne la reverrai jamais. Parole d'homme !

— Allons-y !

Nous voilà sonnant 2016 Uruguay.

— Va appeler Madame ! dit l'homme à la vieille portière.

Et nous passâmes dans une pièce vitrée.

Madame arriva sitôt qu'elle le put.

Elle devint pâle quand elle me vit avec son seigneur.

Je conviens, qu'à ses yeux, c'était un curieux mélange !

— Ecoute, lui dit-il, moi je ne veux pas de

complications. Si tu désires rentrer en France, je te rends libre. Habille-toi et suis monsieur. Il va te remettre au Consulat.

— Non ! fit-elle, je reste ici. Je le dis et je le redis.

— Alors ferme la boutique, on va aller se promener.

J'avais non seulement perdu la face, mais aussi le dîner. Du moins je jugeai ainsi. Je le leur offris.

On finit gaîment la soirée.

Pendant le repas, je me disais :

— Si jamais le Consul et le Chancelier entrent dans ce restaurant, ils vont prendre l'apôtre pour un joli coco !

XVI

OÙ LA POLICE BARBOTE LE BARBEAU

C'était un beau jour. Le printemps enchantait l'existence. C'était en novembre dernier.

J'étais à l'entrée de l'avenue Alvéar et je regardais, en amateur, la statue d'un général. Il s'appelait aussi Alvéar.

Je n'étais pas en retard. La veille je n'aurais pu la contempler. Elle était inaugurée du matin.

Œuvre de Bourdelle. Belle œuvre.

Je faisais ainsi le critique d'art quand un vigilant s'approcha et, d'un signe de son bâton, ordonna que je déguerpisse.

— Le sculpteur est mon compatriote, dis-je en manière d'excuses, et croyant gagner ses grâces.

Le vigilant me chassa.

Je m'éloignai. Dans l'avenue, un banc m'offrit ses planches.

Je m'assis. La statue étant très haute, je la voyais du banc. Je la regardais. Un coup de bâton s'abattit sur le bord de mon banc. Je sursautai. C'était un nouveau vigilant. Il me faisait signe de m'en aller.

Peut-être n'a-t-on pas le droit de regarder la statue ? En Amérique, il existe des choses comme ça ! Il peut y avoir danger de mort ! Je me levai et, pour éviter toute infraction aux lois argentines, je partis en tournant le dos au général Alvéar.

Quel beau ciel ! Ah ! les veinards ! Tout le monde devrait être aimable sous un climat si tendre. Comme un pauvre que l'on a déjà chassé deux fois, j'avançais, sans arrogance. Un nouveau banc. Je me retournai. On ne voyait presque plus la statue. Je pouvais m'arrêter. Je m'assis tout en prenant grand soin de ne pas tourner la tête du mauvais côté. J'étais en train de dire : ce ciel est aussi léger que celui d'Athènes quand un troisième coup de bâton brisa ma poétique pensée.

Dieux ! vous qui voyez les choses de haut, dites-le-moi : que leur ai-je fait ?

Ils ne voulaient déjà pas me laisser débarquer. Tant que je marche, ils ne me disent rien. Mais ils m'interdisent de m'asseoir. J'ai peut-être la gueule du Juif-Errant ?

Je traversai l'avenue. La défense qui m'était

faite de poser mes fesses sur les bancs argentins ne valait sans doute que pour un côté de la promenade ?

Elle valait pour les deux !

Ah ! jours de malheur et jours de deuil !

Les passants ne manquaient pas. J'attendis que la bonne humeur réoccupât mon visage. Dès que je me sentis en état de politesse, j'abordai deux messieurs tranquilles :

— Messieurs, leur dis-je, on me chasse des bancs. A la réflexion, je ne crois pas que ce soit une mesure visant mon seul individu. Pourquoi les vigilants poursuivraient-ils l'innocent étranger ? Ne serait-ce plutôt qu'un événement se préparerait sur votre belle avenue ?

— C'est la fête de la police !

— Alors, le jour de sa fête, la police a le droit de faire marcher les citoyens ? Peut-être réserve-t-elle les bancs pour sa famille ? C'est un privilège qui n'a rien que de très honorable.

Il s'agissait d'autre chose.

Le Président de la République allait venir tout à l'heure. Il passerait en revue les vigilants de Buenos-Aires.

Mes lèvres se pincèrent irrésistiblement.

— Il n'y a pas de quoi rire, fit l'un de ces deux hommes aimables à qui je rendais si mal la courtoisie.

— Vous croyez ?

Et je courus le plus loin possible pour que mon hilarité n'explosât pas à leur nez déconfit.

La comédie humaine est composée de nombreux actes. Il en est un qui doit compter dans les plus beaux. On y voit éclater le génie.

Cet acte est celui qui traite des rapports de la police sud-américaine avec les caftanes nationaux et internationaux.

C'est puissant, magistral, tonitruant. C'est grandiose. L'invention est constante. Les scènes se chevauchent, et galopent devant vos yeux, allant d'un train d'enfer. L'admiration ne vous ouvre pas seulement la bouche dès les premiers mots, elle la maintient ouverte jusqu'à la fin de la partition. Le rideau baissé, on doit vous arracher à votre fauteuil.

Ces messieurs du Milieu sont connus de la majorité des vigilants. La connaissance est faite officiellement. Voici comment : Sauf de rares isolés, les caftanes sont un jour les hôtes de M. l'Alcade.

La première fois, il ne les lâche pas. Il en a besoin pendant dix-neuf jours.

Dix-neuf jours parce que Buenos-Aires compte dix-neuf centres de polices.

Les caftanes les feront tous. Ils seront dûment présentés dans les différents quartiers aux gardiens de la cité. De face, de dos, de trois quarts, de profil, coiffés, sans chapeau, en veston, en pardessus, assis, debout, fumant, buvant, la rétine policière photographiera les mauvais garçons.

Cela fait — cela n'a pas été fait pour ce que je vais dire — en avant la musique !

C'est un vigilant qui arrête un caftane et lui dit : Je sais qu'un nouveau vient de s'installer dans le *cuadre*, fais-moi donner cent pesos pour que je lui rende la vie facile.

C'est le N° 000 qui charge un caftane de faire une collecte parmi les autres caftanes, parce qu'il vient d'avoir un enfant et que sa femme a du mauvais lait.

C'est le pompier — le pompier ! — qui se demande pourquoi il n'en toucherait pas aussi, et qui, le soir, pensant bien qu'un étranger ne saurait distinguer si son uniforme est celui de pompier ou de vigilant, arrête le caftane et dit : Donne-moi de l'argent ou je te fais !

C'est le faux agent en civil qui travaille d'accord avec un vigilant. Le faux agent s'avance, met la main sur l'épaule du coupable. Vous vivez de femmes ? dit-il. — Non ! fait l'autre. Le civil appelle le vigilant. — Vous vous trompez, répète l'autre, — Je n'y puis rien, fait le vigilant. Voyez, c'est un ordre supérieur. Il s'en va, courez après (!) essayez de lui donner de l'argent, et il fermera les yeux si je vous relâche. C'est l'agent bourgeois qui fait comparaître un « homme » dont il sait que les affaires marchent bien : — On parle de vous expulser. Je puis l'empêcher !

L'homme comprend et verse trois cents pesos.

Cette autre fois, l'homme est réellement expulsé. Des agents sont chargés de l'exécution. L' « homme » paye largement, — C'est bien ! disent-ils. Alors dirigez-vous vers le Paraguay. Vous vous arrêterez à la première station, à Rosario, et vous reviendrez ! Les agents de l'exécution l'accompagnent jusqu'à la gare. Pour simplifier les formalités ils lui prennent eux-mêmes son billet, son billet d'*aller et retour !*

C'est l'agent en bourgeois, au courant des drames du milieu : — Ta femme est partie, je sais où elle est. Donne-moi deux cents pesos et je te la ramène ce soir !

C'est encore les faux agents en association avec les vrais : — Je suis chargé de te surveiller. Ta surveillance me coûte de l'argent. J'ai donc intérêt à te faire arrêter, A moins que... — Je n'ai pas d'argent, fait l'homme. — Fais voir ton porte-monnaie ! L'homme montre le porte-monnaie. Le faux agent veut tout prendre. L'homme défend son bien. — Arrête-le, dit le complice au vigilant qui s'est avancé. L'homme s'en tire pour quinze pesos. Les deux compères vont boire ensemble.

C'est le même couple policier, un mois après. Il assaille la même « victime ». Alors « l'homme » dit : — Ecoutez, je vois que vous êtes de « combinaison ». Vous tombez mal avec moi, je suis « démonté » mais je vous ferai connaître des Français qui ont de l'argent. — Bien ! dit le civil, alors quand tu passeras près de moi et que tu seras avec un riche, fais-moi comme ça avec le mouchoir, nous partagerons à trois.

Eh bien ! je fus ce Français « qui avait de l'argent ». Je voulus m'offrir le luxe d'une vérification. Et je partis un soir avec l'homme au mouchoir. Nous remontâmes Charcas. Nous arrivâmes sur cette place où se trouve le théâtre du Colisée. Nous y étions déjà passé la veille ; le « couple » n'y était pas. Aujourd'hui il occupait son poste. — Allez-y du coup du mouchoir, dis-je. Mon compagnon obéit. Le faux agent s'abattit sur moi. Je me défendis d'être un maquereau. Il jura que j'en étais un. Il me dit, d'ailleurs, le voir sur ma figure. J'étais très fier. Bref, cela m'a coûté trente pesos, mais j'ai marchandé. Cet argent me ferait le plus grand bien à l'heure qu'il est. Je ne le regrette pas. Quand on est en voyage c'est pour s'instruire.

C'est Romindato, employé au port et parent d'une « huile » de la police. Il fait arrêter les trafiquants quand ils débarquent. Le lendemain il vient les voir au parloir : « J'ai su votre malheur ! » Contre deux cents pesos il les fait relâcher.

C'est ce demi-personnage de l'administration policière qui perd sa femme. Le chef des Polaks (Polonais, Russes, Tchèques qui font le trafic de la Juive de Pologne) va lui porter ses condoléances au nom de la corporation. Il dit qu'une telle honorable dame ne saurait aller en terre que dans un corbillard de première classe. Il sollicite l'honneur d'être chargé de ces pompes funèbres. L'honneur lui est accordé. Ce fut une première-première classe. J'ai vu passer le cortège. J'ai tiré bien bas mon chapeau.

C'est ce chef — cette fois l'histoire est ancienne (est-ce une raison pour qu'elle soit perdue ? Les jolies choses doivent être déterrées. C'est admis et même encouragé, autrement on supprimerait les archéologues. Et je vois, au contraire, qu'on les récompense.) ce chef qui part pour l'Europe, en voyage d'agrément, avec sa famille, aux frais des marchands de femmes reconnaissants.

C'est la scène classique de la présentation de *l'arme* : un vieux couteau rouillé qui est dans un tiroir de la Préfecture de police. Il date, je crois, de la proclamation de l'Indépendance.

On amène le caftane dans le bureau du couteau. Le fonctionnaire tire le tiroir, sort le couteau. — Vous aviez ce couteau sur vous ? Si le caftane est un ancien, rompu aux mœurs du pays, il répond : Je l'avais. On lui inflige une *multa* (amende) de deux cents pesos. Il paye. Il est libre. Si c'est un jeune à l'esprit étroit, il proteste, il se débat, il jure qu'il n'a jamais vu ce couteau. Il ira à Aizcuanaga[1] jusqu'au jour où, dans un songe inspiré, il lui apparaîtra, qu'en effet, il possédait ce couteau. Il n'est pas défendu de faire de l'esprit devant le couteau. Il suffit de le reconnaître. — Vous aviez ce couteau ? — La fois avant, alors je ne puis l'avoir tout le temps. — Le reconnaissez-vous, oui ou non ? — Je le reconnais parfaitement. — Deux cents pesos de *multa*.

Il arrive que l'homme qui vient de verser la *multa* soit arrêté à la sortie du temple de la police. Cela se passe, en général, les veilles de fête. L'argent est nécessaire si l'on veut promener sa famille ! L'homme est contraint de reconnaître le couteau

1. La plus vieille prison de Buenos-Aires, où l'on déverse toutes les ordures de la ville.

une nouvelle fois ! N'a-t-il plus de billets dans son portefeuille ? Il écrit un mot à sa « femme ». Le représentant de la loi file à la « casita ». La femme paye sur-le-champ. C'est pour son homme. Elle travaillera davantage.

Si « l'homme » touche la *Quinela* (jeu clandestin sur les deux derniers chiffres des gagnants de loterie), alors, alors, le couteau monte jusqu'à cinq mille piastres !

O Etat !! O Pouvoir ! O Société, belle déesse !

Le Président de la République était chapeau bas. La police défilait avenue Alvéar. Sa tenue était impeccable. On lâchait dans le ciel pur, en son honneur, des pigeons dont les ailes étaient peintes aux couleurs argentines, bleues, comme l'azur, blanches, comme l'innocence !

XVII

POLAKS

Polaks !

Des landes polonaises aux pampas de l'Argentine !

Polaks !

Ce soir, dans Buenos-Aires, ce mot déclanche en moi comme une symphonie.

Je revois les villages juifs de la Pologne, et dans le même temps, je frôle du coude, le long du Rio de la Plata, des Polaks et des Polaks.

C'est de là-bas que ces hommes amènent ces filles. Même aux yeux qui ont beaucoup vu, l'Europe, notre terre, réserve de profonds étonnements. Il en est un dont je vibre encore.

C'était en mai dernier. J'allais par la campagne polonaise, à la recherche de la révolution Pilsudski. Et voici ce que je vis : un campement de Juifs.

Un campement plusieurs fois centenaire. Pas de tentes, des maisons, des rues, une place, même, mais un campement. Lasse d'errer, la tribu s'était arrêtée là, un jour, un jour au cours d'un siècle qui est très loin du nôtre. Et les arrière-enfants vivaient définitivement dans les demeures provisoires vieilles de centaines d'années.

Et j'eus peur. Cette ville était juive, uniquement. J'eus peur et je fis peur. Ce n'était qu'à quarante kilomètres de Varsovie, pourtant. Ne voyaient-ils donc jamais des gens de mon espèce ? Il en existait donc de la leur ? Je passais : les rideaux se baissaient, les fenêtres se fermaient. Des groupes de Juifs, qui occupaient la rue, se disloquaient.

Ces lévites noires, dont la crasse seule assurait les reflets blanchâtres, ces cheveux jamais lavés, tire-bouchonnant sur la joue gauche, ces casquettes plates, rondes, les achevant comme un couvercle, ces barbes vierges, blondes, noires, grises, blanches, folâtres ou octogénaires ! Quelques-uns s'avancèrent et entourèrent la voiture. J'eus un frisson. Il me parut que je venais de tomber dans un nid où de grands oiseaux sombres et inconnus eussent déployé leurs ailes pour me couper la retraite.

Ils voulaient me conduire chez le rabbin. Sans doute comme on amène un maraudeur au garde-champêtre.

Je rangeai la voiture. J'oubliai Pilsudski, la révolution, mon devoir. Je partis à pied, mal à l'aise, violemment intéressé.

Ils étaient plus saisissants que les Juifs de Jérusalem, et ce que je dis là est une sérieuse comparaison !! J'allais : à ma vue ils se réfugiaient dans des couloirs mystérieux, tout en tournant la tête pour m'épier. Levais-je les yeux, les fenêtres du premier étage se vidaient. On m'eût reçu avec de l'eau, à pleins seaux, mais on m'en eût refusé un verre, s'ils avaient eu de l'eau !

Je n'avais encore vu cela qu'en pays sauvage.

Ce campement était un immense tapis de fumier, et les silhouettes imprécises de ces Juifs semblaient s'élever de cette litière, comme des vapeurs qui auraient pris une forme vaguement humaine. On sentait que le dénuement s'était installé là, à perpétuité.

Derrière les carreaux, des femmes cousaient, lisaient. Les vieilles rabattaient le rideau, les jeunes aussi, mais avec moins de précipitation. On avait le temps de voir que quelques-unes étaient jolies.

On en avait froid à l'âme.

C'est dans ce village et dans ceux qui lui ressemblent que les caftanes polonais : les Polaks, vont en *remonte*.

Franchuchas !

Polaks !

Les Franchuchas forment l'aristocratie : cinq pesos.

Les Polaks le tiers-état : deux pesos.

La traite des blanches, la véritable, la chose que le terme évoque à l'imagination populaire, ce sont les hommes polaks qui la pratiquent.

Ils travaillent dans la misère, mais dans la misère qui n'a pas encore trouvé l'occasion de se salir.

De jeunes filles, sans transition, ils font des filles.

Organisés à l'allemande, c'est-à-dire avec méthode, ils abattent *un ouvrage formidable.*

Ils ne travaillent que dans la Juive.

Jadis on donnait aux prisonniers du pain et de l'eau.

Le pain et l'eau sont rares dans ces villages que maintenant vous connaissez.

Ce sont les prisons d'Israël.

Qui ne veut sortir de sa prison ?

Qui regarde la figure de celui qui brise vos fers ?

La situation est tellement celle-là que, lorsqu'un homme polonais a porté son choix sur une Juive, il appelle cela la « prendre en protection ».

Ils n'ont pas besoin de sergents recruteurs, battant du tambour et promettant la lune !

Il n'est pas un Polak de Buenos-Aires qui n'ait cinq ou six femmes. Sept. Huit !

Pourtant ils ne sont pas aimables. Ils ont refusé deux jours de suite de me servir à boire dans leur café de Talcahano. Je n'ai pas bu. C'est tout ce qu'ils ont gagné. Et comme ils ne m'ont pas crevé les yeux, j'ai bien regardé.

Ils vivent sous une discipline acceptée et servile. Aucun étranger du même milieu, pas plus un Français qu'un Martigues, qu'un Créolo — celui-là est encore une autre espèce. Je le garde pour la bonne bouche ! Aucun n'a jamais pu pénétrer dans leur église.

Il y a le chef. C'est un pape. Ses décisions ne se discutent pas. Quand il lance une bulle... c'est à qui l'attrapera ! Il y a le sous-chef, le secrétaire d'Etat, quoi ! Chaque province : Rosario, Santa-Fé, Mendoza a son club. Le club a son président, et le président son vice-président. Tout cela soumis à l'autorité du lanceur de bulles !

Il désigne les hommes qui partiront en remonte là-bas ! Du Rio de la Plata à la Vistule ! C'est lui qui distribue les « maisons ». C'est lui qui décide des mariages : Un *mari* meurt, sa *veuve* gagne bien sa vie, il donne la femme à un lieutenant de son choix. Mais le lieutenant versera une forte offrande au tronc de l'Eglise. C'est lui qui, régulièrement, chaque mois, fixe la somme que chacun doit souscrire en l'honneur de la police. Les Français attendent d'être sommés. Moins combattifs les Polaks courent au-devant des agents quêteurs. Aussi sont-ils les plus aimés.

Ils ont crédit ouvert entre eux. Ils se prêtent, sans papier, des sommes que je continue d'appeler énormes ! Bref, c'est l'ordre, la discipline et l'honnêteté mêmes !

Officiellement ils se disent marchands de fourrures. La fourrure, il est vrai, est également une peau ! Et les voici qui débarquent à Varsovie.

Tous ne sont pas juifs, mais les voyageurs, les maquignons qui courent les champs de foire polonais, eux, le sont. C'est indispensable pour entrer dans les familles. Leur travail n'est pas comme en France, un travail des rues, ils opèrent à domicile. Ils s'adressent d'abord aux parents, et ensuite, seulement ensuite, à la fille. Ils n'enlèvent pas, ils traitent. Les familles qui ont plusieurs filles sont les plus recherchées, comme présentant deux avantages : une pauvreté plus noire, une « remonte » assurée. Ce sont des commerçants sérieux, ils prévoient ! ils « stockent » ! L'aînée a vingt ans. Ils l'épousent ! La seconde, dix-sept ans, la troisième, quinze ans. Ils les retiennent ! Ils les feront venir à Buenos-

Aires, chacune à son tour, quand elles seront mûres, bonnes à manger !

A Varsovie, à Cracovie, à Lvoff, dans les villages comme « mon » village, de vieilles femmes qu'ils payent toute l'année, n'ont d'autre métier que de leur signaler la bonne marchandise. Telle maison ne vaut rien : les filles n'ont pas de santé. Se méfier de cette famille : le père et la mère ont l'intention de demander cher. Mais là, là et là, tu trouveras ce qu'il te convient, ô petit frère. Montre-toi très religieux à tel endroit. N'épouse pas, ici, tu peux épouser là. Emmène la cadette, l'aînée est paresseuse ! Là il n'y a qu'une grand'mère, elle ne durera pas longtemps. Prends l'enfant, c'est la meilleure affaire du quartier. Je te l'ai surveillée comme un fruit sur un arbre. Tu n'as plus qu'à cueillir !

Les familles pauvres ont aussi un troisième avantage. C'est là que, d'emblée, on trouve généralement les plus belles filles. Pourquoi ? Parce qu'elles sont sans maquillage, sans apprêt, sans rien. Que ne peut-on faire avec un peu d'art, d'une demoiselle qui est déjà jolie, à l'état nature ?

Ils les achètent aux parents, *par contrat*. Un contrat âprement discuté, dûment signé, bellement paraphé. Imaginez un intérieur du ghetto de Varsovie, dans ces maisons dont la grande cour sent le déballage, où, comme dans les caravansérails hindous on y voit de tout, des tas de marchandises et des tas d'ordures, des enfants couchés sur le fumier des vaches, des familles mélangées et ennemies, des échoppes, des balances, des changeurs de monnaie, des cabinets de juristes ! Des malles en fer-blanc colorié, des chats pelés, des chiens à jeun. La porte est fermée sur le logis sans air. Là, le père, la mère, les petites sœurs que l'on oublie de faire sortir et qui ne jouent pas, dans un coin. Et la fille dont on va trafiquer et qui n'est encore qu'une jeune fille, souvent, très souvent, une vraie jeune fille.

Les « contractants » sont assis autour d'une table grasse. La famille demande cent cinquante zlotis par mois, et pendant trois ans au moins. L'acheteur n'en offre que cent. Sous le souffle de l'indignation la barbe du père frémit. Il fait approcher sa fille, il la montre une nouvelle fois. Est-elle vierge ? Il le jure sur la sainte Thora. Tant de jeunesse d'une part et tant de soins de l'autre ne vaudraient pas cent cinquante zlotis ?

L'envoyé de Buenos-Aires l'emporte. Il n'aurait que l'embarras du choix ! On appose les signatures. Et la mignonne, au nom de sa religion, est engagée solennellement à ne pas couvrir de honte, en déchirant le contrat, le paraphe familial.

Une famille est sauvée de la misère ! A une autre !

Il en arrive des fournées de dix, douze par bateaux. Les premières semaines, les Polaks ne les gâtent pas. C'est le contraire de la méthode française. En attendant le grand jour des débuts, ils les logent dans une chambre lamentable — afin qu'après la maison de prostitution leur paraisse le paradis !

Ce paradis est le long du Rio de la Plata.

Il s'appelle la Boca.

Et la Boca ?... Tournez la page...

XVIII

LA BOCA

J'ai vu des ports.

— J'en ai vu. J'en ai vu... et j'en verrai encore !

Eh bien ! au nom du respect que, parfois, j'ai pour la vérité,

Au nom de mes étoiles préférées qui, ce soir, brillent au ciel,

Au nom des cheveux blonds de ma petite amie,

Voir la Boca c'est voir aussi quelque chose.

La Boca : la bouche de Buenos-Aires.

Buenos-Aires est l'un des trois grands ports le plus sud de la terre. Il faut encore marcher trois kilomètres pour atteindre la Boca. Regardez la carte : vous verrez que les femmes qui sont là ne pouvaient raisonnablement descendre plus bas.

Il y a le bout du monde : la Boca est le bout de la mer.

André Tudesq prétendait que la mer commençait à un endroit et que cet endroit était Trieste. Une fois, il me tint longtemps à ce point de l'Adriatique. Il me prouvait, à coups de raisonnements grandioses, que son affirmation ne devait rien à la fantaisie. Et devant un remous qui se produisait dans une anse, il s'écriait : Tiens ! regarde, voilà la source, ça bouillonne !

S'il ne m'avait abandonné, moi son vieux compagnon, à Saïgon, pour mourir, je l'eusse amené ce soir à la Boca : Tu m'as confié un secret, tu m'as dévoilé la source de la mer. Je t'en remercie. Si la mer commence, elle doit finir. Et, moi j'ai trouvé le bout de la mer. Ne le dis à personne, il ne faudrait pas que l'on me volât ma découverte; regarde, nous y sommes.

La Boca semble une conscience qui se serait chargée de tous les péchés mortels et qui, affalée là, vivrait au milieu de la malédiction.

Le tableau qu'elle fait a la puissance effrayante du jugement dernier de Michel-Ange.

Tous ces bateaux sur le Rio n'ont pas, certainement, d'autres missions que de courir les vastes mers à la recherche des âmes condamnées à la Boca.

Condamnées non à mourir, mais à vivre.

De même que les orangers en fleurs embaument la route jusqu'à deux ou trois kilomètres du verger, les femmes qui se prostituent là chargent l'atmosphère de compassion.

Une usine d'automobiles lançant sa réclame disait :

« C'est la première voiture faite en série. »

Notre usine à nous est une usine à baisers. C'est l'un des endroits du monde où, dans ce genre, l'on travaille régulièrement, mathématiquement, en série.

Les bateaux sont à l'ancre. Ce sont les petits courriers. Les paquebots dorment à côté, dans les bassins de Buenos-Aires. Cargos baladeurs chargeant peaux, laine, cornes et des bœufs que non seulement on a coupés en deux, mais que l'on a fait geler, pour être plus sûr qu'ils ne s'échapperont pas au cours du voyage ! Vapeurs remontant le fleuve, le remontant si haut, qu'ils vont jusqu'à une ville appelée Ascension ! Vieux petits cargotins sortant de la passe de Magellan. Derniers voiliers, prisons flottantes, où la misère des hommes est grande et qui reviennent de chercher le vent par le travers du cap Horn et les froids de la Terre de feu. Tous les traîne-patins de la mer, tous les déshérités de la navigation, tous les « clochards » des Océans ! Tous les fiévreux du grand large.

C'est le royaume des Polaks.

On travaille à la Boca. Cela n'est rien. On mange, on boit ; cela n'est rien. Rien n'est rien, ni cela ni ceci. Mais la Polak ne coûte que deux pesos, et cela c'est tout !

La Boca n'a pas de maire. Est-ce parce qu'elle dépend de Buenos-Aires et qu'elle est Buenos-Aires même ? Non. Seulement le maire qui lui eût convenu n'est pas éligible. Il n'est pas de ce monde ; de plus il est hors la loi. C'est Lucifer, le maître de la danse luciférienne.

La danse de la Boca !

La danse sombre, mélancolique, brûlante de la chair solitaire. La Polak pour cavalière.

Il faut dire ce que l'on y voit.

On y voyait un cinématographe public, dont les billets s'achetaient à l'entrée, ainsi que dans tout autre cinéma. A la porte, des vigilants vous fouillaient, vous palpaient, vous désarmaient. Et l'on était poussé dans la salle comme dans un gouffre.

Lucifer était à l'orchestre et avec un bâton arraché à certaines portes de Pompéï, il conduisait, sur l'écran, les rondes aphrodisiaques.

Autour de la salle, étaient des boxes.

C'étaient quelques-uns de ces paradis que le Polak promet à la Polak.

Tandis que l'écran matérialisait devant vous ces rêves qui ne tirent leur charme que de l'épouvantable, la Polak, sans doute auxiliaire de la police, passait entre les rangs des spectateurs. Elle fouillait les hommes, elle les palpait et, s'ils n'avaient rendu toutes leurs armes, elle les emmenait dans le petit boxe pour procéder, selon la loi, à un second désarmement.

La baraque est encore ici, dans le Matadero (maquis). Et comme des esprits insatisfaits, des ombres, attirées là par la forte odeur du passé, rôdent autour des ruines du Temple.

On y voit, sur la scène, d'un « beuglant », des spectacles qui vous font, selon la nature, ouvrir ou fermer les yeux. La débauche poussée jusque-là devient presque de l'innocence. C'est pourquoi, pour mon compte, j'ai ouvert tout grands mes yeux. Et j'ai tout vu. Qu'ai-je vu ? Ceux qui voudront le savoir n'auront qu'à m'envoyer un mot. Je leur donnerai rendez-vous, aux dames surtout, et je leur raconterai la chose pour rien. Je créerai ainsi, dans le commerce de la librairie, le supplément gratuit et oral. Je dois être un précurseur !...

Voici les bars. Dans les bars la femme vous tombe du ciel, ou rampe à vos pieds. Le ciel est représenté par une estrade élevée près du plafond. Sur cette estrade vingt-deux femmes jouent du violon. Elles jouent toutes à tour de bras ; cependant, je ne distingue que le chant de trois instruments.

Ah ! mon oreille, n'êtes-vous plus la fidèle servante de mon entendement ? Vingt-deux demoiselles jouent du violon avec passion, et cela me fait l'effet d'un trio ? C'est à sonner la nuit chez un otorhinologiste !

Les dix-neuf autres musiciennes n'ont pas de colophane à leur archet ! Elles ont beau frotter, jamais de fausses notes. D'ailleurs, leur archet n'est pas pour faire des notes, mais pour faire de l'œil.

Viens avec moi, petit...

Un coup d'archet dans la direction du petit !!

Les servantes ne vous apportent jamais le verre tout seul. En le posant sur la table, elles assoient leur misère sur vos genoux. Va-t-on prendre ou va-t-on laisser ? Répondez donc, va-nu-pieds des mers ! Choisissez-vous l'artiste ou la malheureuse qui ne sait même pas jouer du violon sans colophane ? Elles doivent être fatiguées, ne les faites pas trop attendre, elles viennent de loin. De Varsovie. Celle-ci est Française.

— D'où es-tu, toi ?

— D'Angoulême.

Angoulême sur ton coteau
Avec ta belle église en haut !

Voici les rues sentant si fort la colonie, le quai

désolé le long du Rio. Ici, *au bout de la mer*, elles sont venues monter la garde comme de pauvres troupiers d'infanterie coloniale...

Elles ne quitteront pas le poste à cause du colonel !

Mais c'est le reste qui compte. Le reste qui fait la Boca. C'est à cause du reste que les Polaks signent des contrats dans les gourbis israélites de la Pologne.

C'est les « casita » de la Boca.

Cela est insoupçonnable.

Alors dans ces « Casita » la salle de réception, c'est la cour. Une cour éclairée seulement d'un lumignon. Cette cour, pour la comparaison, ne réveille en moi qu'un souvenir, le couloir secret des fumeurs de haschisch, au Caire.

Pas un mot, ni un geste. Les hommes, au lieu d'être accroupis, sont debout, épaulés au mur. Humbles, patients, résignés comme un groupe de pauvres, l'hiver, attendant à la porte d'un bureau de bienfaisance.

Ils attendront des heures cet autre pain, qu'ils viennent chercher ici.

A cause du silence religieux, on se croirait dans une église. On ne serait pas étonné de voir ces fidèles faire le signe de la croix en franchissant le seuil. Mais le bénitier manque.

C'est entrée libre !

La gardienne n'est là que pour donner un coup de sifflet en cas de contestation. Et le vigilant accourt, le vigilant à qui le maquereau donne deux pesos par jour ! Ce qui fait que la femme travaille, une fois, pour le vigilant !

La gardienne ! c'est une Chinoise très vieille et qui ronfle dans une volière désaffectée, un os de poulet et une écorce de banane sur les genoux.

Aussi les *atorrantes* en profitent-ils. D'ailleurs, ils ont des droits comme les autres à la Boca.

Tout le monde est admis à communier.

Chacun attend dans le recueillement.

On ne regarde pas son voisin. Les yeux sont fixés sur les dalles. Ils se relèvent seulement quand la prêtresse paraît. Alors tous les regards se portent sur elle. Ils retombent sur les mêmes dalles dès qu'elle a repoussé sa porte.

A certaines époques elle la repousse soixante-dix, soixante-quinze fois par jour.

C'est vrai.

Ce sont nos petites Polaks qui remplissent le contrat afin de sauver l'honneur de la famille.

Et ces hommes ? Vous croyez que ce sont des hommes qui viennent s'amuser, comme l'on dit ? Ce ne sont que des mendiants de la grande aumône.

Parfois la police fait irruption dans la Casita. Alors les mendiants lèvent les bras docilement. Et la fouille commence. J'ai vu cela, cette nuit, rue Necochea. La jeune Juive ouvrait justement sa porte à ce moment. Elle ne devait pas avoir quitté son ghetto depuis longtemps. Elle était toute fraîche et toute retournée.

Ces *quinze* hommes, les bras dressés, semblaient balancer des palmes en son honneur.

Hosanna !

XIX

AU CAMPO

On appelle Campo toutes les autres villes qui ne sont pas Buenos-Aires.

Rosario, Santa-Fé, Mendoza sont des campos.

Ici la loi socialiste n'a pas joué.

La prostitution continue d'avoir lieu en famille.

Ce sont toujours les grandes maisons chères à tout le monde : aux femmes, aux ruffians... et aux clients, ces grandes maisons où la vie est simple et l'amour compliqué.

Robert le Bleu partait justement pour Rosario, ce jour-là. Il m'emmena.

La femme qu'il avait à Rosario ne lui donnait pas satisfaction. Ce n'était qu'un « doublard » il est vrai !

Le patron de Rosario avait écrit à Robert le Bleu, lui signalant un relâchement dans la conduite de sa « môme », de la « mollesse dans le travail », « un manque d'enthousiasme coupable ».

— C'était forcé, me dit Robert le Bleu. Une femme que l'on ne surveille pas de près, bat de l'aile. Depuis un mois je n'ai pu aller à Rosario. Ce fut une faute. J'ai trop compté sur mon influence. Le jouet ne marche plus. Je dois remonter la manivelle.

Il en profiterait aussi pour toucher ses jetons.

Quand « l'homme » est sur place, il passe tous les samedis à la « maison ». Sa femme lui remet ses jetons et, contre les jetons, le « patron » lui donne les pesos correspondants.

Et la femme ? que garde-t-elle ?

Cela dépend.

Rien, souvent. Nourrie, couchée, blanchie, elle abandonne son gain à son homme. Elle est jeune ! Elle agit sans calcul, elle se régale le cœur, comme m'a dit une fois Mademoiselle Mignon !

Le « doublard » de Robert le Bleu s'appelait Marcelle.

Justement Marcelle avait demandé trois cents pesos à son patron. Le patron les lui avait refusés. L'argent que tu gagnes est à ton homme, lui avait-il dit. C'est devant un pareil geste d'indépendance qu'il avait écrit à Robert le Bleu : ainsi que son devoir le lui commandait.

Le train roulait par la pampa.

— J'ai bien réfléchi, je vais la vendre, me dit Robert.

Mon travail est à Buenos-Aires. Puisqu'elle ne marche pas toute seule, je dois m'en débarrasser.

— Et si elle ne veut pas ?

— Vous croyez que je vais lui raconter mon projet ? Je vais la « plaquer ».

— Si vous la plaquez vous ne la vendrez pas.

— Mais si. Je n'ai pas besoin d'elle pour la vendre. Je l'ai d'ailleurs achetée comme ça.

— Comment ?

— Voilà six mois, à un camarade qui partait. Il m'a prévenu. Veux-tu me succéder ? m'a-t-il dit. Je te la laisse pour quinze cents pesos. Ce sera moins cher pour toi que d'aller en remonte. J'ai accepté. J'ai payé.

— Et si elle n'avait pas voulu ensuite ?

— Elle ne pouvait faire autrement. Son homme parti, on ne l'aurait pas gardée dans la maison. Qu'aurait-elle fait puisqu'elle ne sait faire que ça ?

— Et pourquoi ne l'aurait-on pas gardée dans la maison ?

— Parce que le patron est maître chez lui et, qu'entre le patron et nous...

— Alors ? quand une femme est entre vos mains, elle n'en sort que pour tomber dans les mains d'un autre ?

— Cela est notre principe, en effet.

— Bien ! dis-je, le tout est de le savoir, n'est-ce pas ?

***

Rosario ! En voilà un beau nom !

Nous y arrivâmes pour déjeuner.

On déjeuna. Puis à trois heures on pouvait voir deux hommes se diriger vers la grande maison. C'était nous.

On poussa la porte. Qu'il est doux, loin de chez soi, de retrouver une petite patrie. Tout le monde parlait français, là-dedans.

La patronne était de Montmartre.

— Rue Germain Pilon ! Monsieur.

Je lui serrai la main.

Quant au patron, il ne rêvait qu'à la place Blanche.

Il eût donné tout Rosario pour prendre ce soir l'apéritif à Cyrano.

En attendant, on s'installa dans un salon.

— Eh bien ! demanda Robert le Bleu, ça ne va pas.

— Un petit relâchement, fit la patronne. Aussi,

vous la délaissez trop longtemps, cette petite.

— Je vais la vendre.

— Ne fais pas ça ! s'écria le patron. Ce n'est pas une mauvaise travailleuse.

— Que voulait-elle faire de trois cents pesos ?

— Acheter une robe !

— Rien de plus grave ?

— Pour ça non ! mais tu ne lui écrivais même plus. Je vais l'appeler.

— Marcelle ! glapit la patronne, Marcelle ! Marcelle !

Une voix demanda :

— Toute seule ?

— Mais oui ! c'est Robert qui est là !

On vit apparaître un peignoir bleu, une tête brune, de belles dents, tout cela faisant tout juste vingt ans !

— Me voilà ! fit Robert.

Ils s'embrassèrent correctement, en bourgeois.

— Eh bien ! tu n'es pas contente ?

— Un peu !

— Allons-nous en ! fit le patron, en m'entraînant.

Et nous fermâmes la porte sur le couple.

Après tout, pourquoi pas lui aussi ?

Quelle fête ! quatorze Françaises !

Deux Bretonnes !

— Moi aussi, fit une rousse.

Alors trois Bretonnes. Une, deux, trois, quatre, cinq, six Parisiennes. Une Alsacienne. Deux Niçoises. Une de Compiègne. Pourquoi de Compiègne ? L'été, la forêt, l'occasion, les beaux automobilistes.

— Eh ! oui, fait-elle !

C'est la plus fine.

— Alors, comme ça ? de Compiègne à Rosario ?

— Oh ! pas tout de suite.

— Combien de temps ?

— Trois mois !

— Contente ?

Pas trop. Enfin ! suffisamment. Alors tant mieux. Quatorze Françaises qui gagnent chacune de quinze cents à deux mille francs par jour.

Elles sont riches ?

Elles n'ont pas le sou ! Patron d'un côté, maquereau de l'autre !... Elles sont idiotes alors ? Elles sont ce qu'elles peuvent !

— N'est-ce pas, la Bretonne ?

— Oui, Monsieur !

— Ça va ! me dit Robert le Bleu. Il ne suffisait que de se montrer. Je ne la vends pas encore cette fois. Elle n'est pas *à rebours* comme je croyais. Elle va travailler, désormais, de tout son cœur. Tu lui donneras ses trois cents pesos, patron. Je reviendrai la voir dans dix jours. Combien de jetons ce mois ?

— Quatre cent cinquante !

— Mauvais mois ! Mais elle rattrapera ça, n'est-ce pas ma petite jolie ?

Elle le promit.

J'allai à la caisse avec Robert. La patronne lui remit sa part : onze cent vingt-cinq pesos.

Je sortis mon crayon.

— Je parie qu'il va encore calculer, fit Robert, en me voyant l'ustensile à la main, il calcule toujours ce copain-là !

1125 × 14,25 = 16.031 fr. 25.

— En effet, fis-je, c'est maigre, mon pauvre vieux !

Il eut un geste généreux et dit :

— Je suis philosophe !

XX

UNE VICTOIRE

— Madame Arslau ?

— Oui, monsieur.

Madame Arslau est une Française de Buenos-Aires. Elle a du cœur et de l'initiative. Elle voulut lutter, au nom des Droits de la Femme, contre l'organisation de la traite des blanches. Elle fonda une ligue, en prit la tête et, pendant trois années, à chaque arrivée de bateaux de France, on pouvait voir madame Arslau emporter d'assaut la coupée et battre le navire à la recherche des demoiselles égarées.

C'est pourquoi je sonnai à sa porte, cet après-midi.

Madame Arslau voulut bien me permettre de m'expliquer.

— Donc, madame, vous montiez sur tous les bateaux.

— Infatigablement.

— Et vous avez sauvé beaucoup de ces malheureuses ?

— Aucune !

— Alors, il y a marché de femmes, mais sans tromperie ?

— Je n'ai pas pénétré les mystères de « ce monde ». Je n'ai pour moi qu'une expérience qui dura des années. Sur cent femmes, quatre-vingt-dix *voulaient*. Quant aux dix autres, la violence qu'elles subissaient ne pouvait s'appeler qu'une douce violence.

Entre moi et « leur homme » elles ont toujours choisi leur homme.

— Il n'y a là, madame, qu'un penchant naturel. Toutefois, que vous disaient-elles ?

— Elles me disaient : Je sais ce que je viens faire. Ce n'est pas de la morale qu'il me faut, c'est du pain. Occupez-vous plutôt de vos enfants si vous en avez.

— Vous faisiez là un dur métier.

— Elles m'envoyaient au diable !

— Et vous y retourniez ?

— Où donc, monsieur ?

— Sur les bateaux.

— On n'y voyait que moi. On aurait dit qu'elles me connaissaient. A ma vue elles filaient sur l'autre bord.

— Et comment jugiez-vous ces demoiselles ?

— Il y en avait de jeunes, et qui n'avaient pas encore eu le temps de pratiquer le mal. Je me souviens d'une petite, seize ans. Elle était cachée dans une bouche d'air. Elle le voulait donc ?

— Celle-ci vous l'avez rembarquée ?

— Vilaine, on me l'aurait certainement laissée. Mais elle était très jolie, alors je ne sais ce qu'elle est devenue. Une belle fille, de bureau en bureau, cela se perd toujours, ici.

— En arrivait-il beaucoup ?

— Quatorze ! une fois, sur un bateau de Marseille, dont neuf clandestines.

— Celles-ci ont été prises et renvoyées ?

— Jamais de la vie ! Les jolies disparurent les premières. Le temps de tourner le dos et je ne les revis plus. Les moins bien durent repartir. Jusqu'à Montevideo seulement. Huit jours après le *Mihanovitch* les ramenait.

J'en ai trouvé étendues sous des couchettes basses et cachées par une série de seaux hygiéniques. Une brune, je dis une brune parce que je la découvris d'abord par la chevelure, était dans un monte-charge que le personnel avait immobilisé entre deux étages, pour la circonstance. Comment ces femmes ne seraient-elles consentantes ?

Ce qui confondait madame Arslau, c'était leur physique, leur tenue.

— Je n'avais jamais fréquenté ce milieu. Mes souvenirs étaient plutôt de rencontre ou littéraires. Je m'attendais à trouver des numéros voyants. J'en vis quelques-uns. Des autres, on aurait pu faire des compagnes de jeu pour ses propres enfants. Ce n'était pas toujours des filles perdues qui arrivaient.

— Alors vous en sauviez ?

— Pas une ! c'étaient des filles décidées à se perdre. La vie est donc si dure en France pour les femmes ?

— Très dure et sans horizon pour les femmes seules.

— Mais leurs salaires sont augmentés.

— Pas autant que la nourriture, le logement, le tramway, la pharmacie et les petits superflus, telles robe ou chaussures.

— Alors c'est là qu'il faut chercher la solution, bien sûr. Mon apostolat se brisait sur leur dénuement. En tout cas, j'y ai renoncé.

Je savais que madame Arslau s'était occupée d'une histoire qui avait huit jours à peine. Je lui en parlai.

— En effet ! Et c'est bien là l'unique succès de

ma carrière, encore n'y suis-je pour rien. Il s'agit d'une Polonaise, d'une Polak, comme on dit ici.

Elle avait été envoyée par sa mère, chez son oncle. Depuis trois semaines elle vivait chez ses parents. Des gens que l'on n'aurait osé soupçonner, le bon oncle, la bonne tante, de bons Juifs. Si je n'avais su j'en aurais fait encore des amis de ceux-là !

Des inconnus venaient la voir. Ils la regardaient ! ils la pesaient de l'œil. Ils discutaient avec le bon oncle.

Un jour, la jeune fille crut comprendre qu'à la fin de la semaine on l'enverrait dans un campo. A Santa-Fé.

Elle parla de ce mystère à une voisine.

— Faites attention, lui dit-elle, ils vont vous conduire dans une maison où il n'y a que des femmes pour des hommes.

Le lendemain la tante commença la valise de la nièce.

La petite voulut sortir. Il lui fut répondu qu'une jeune fille de bonne famille ne sortait pas seule. On la boucla.

Alors elle écrivit son nom, son adresse et ces mots : *Salve me*, sur un morceau de papier. De sa fenêtre, elle guetta la voisine. Elle lui fit un signe, et, pour parler comme les marins, elle jeta la bouteille à la mer.

La voisine ne savait pas lire. Elle eut cependant une idée, elle courut au journal israélite.

Le journal n'eut pas besoin d'explications. Des choses de cette nature se comprennent tout de suite sous le ciel où nous vivons. Il ne crut pas à un incendie, ni à un crime possible. Il téléphona sans hésiter à la Société de Protection de la Femme. C'est moi ! C'est ici, voilà l'appareil.

J'étais absente.

C'était la première affaire qui m'arrivait et j'étais sortie !

Il téléphona de nouveau à dix heures du soir.

Je chargeai des amis de partir sur-le-champ.

— Avez-vous un ordre du juge, leur dit-on à la police, sinon vous ne pouvez retirer cette jeune fille de sa famille.

Ils la retirèrent. Ils la conduisirent au commissariat. Le lendemain quand j'arrivai, tous ces messieurs de la police étaient autour d'elle. Très bien la mujer ! (la femme) très bien, faisaient-ils. Je me dis : le temps presse, il faut encore l'enlever de là !

Le soir on arrêtait l'oncle.

— On ne l'a pas relâché ?

— Si.

— Ah ! fis-je comme soulagé, en constatant que

la puissante organisation des Polaks n'était pas en défaut !

— Voulez-vous toute ma pensée ? Cette seule victoire, je ne l'aurais pas remportée, si au lieu d'un oncle peu engageant, la jeune fille, en débarquant, eût trouvé un beau monsieur !

— Où est-elle ?

— Ah non ! vous n'allez pas faire comme les autres ! Je ne la montre plus !

XXI

DEUX FAUX POIDS

L'*Alsina* était en vue. J'avais déjeuné avec Jean-Philippe et le Sincère.

L'un et l'autre attendaient un « colis » par le paquebot. Jean-Philippe pour son propre compte. Le Sincère pour celui d'un ami.

Ces colis étaient deux faux poids arrivant clandestinement.

Jean-Philippe revenait de Paris. Par prudence il avait précédé sa « remonte ». Dans ces cas-là des camarades se chargent de surveiller la femme jusqu'à l'embarquement et de la remettre entre les mains du complice naviguant : garçon, matelot, barman, et parfois officier.

Je connais un officier...

L'histoire du Sincère était plus embrouillée. La

femme qu'il allait attendre était destinée à l'Ours, cet Ours présentement retenu au campo, à Mendoza. Ni l'Ours ni le Sincère ne connaissaient la jeune voyageuse. C'était un troisième, nommé Bébert, à Paris pour le moment, qui l'avait dénichée, convaincue, expédiée.

Bébert, paraît-il, devait cette femme à son collègue l'Ours.

Cette femme ou une autre.

Une des femmes de ce monsieur l'Ours s'était éprise de Bébert, au commencement de cette année, dans la belle cité d'amour de Buenos-Aires.

D'après les lois inflexibles du Milieu, Bébert n'aurait pas dû écouter la sirène. S'il avait été un *homme* il eût dit à la chère enfant : « Ma belle, vous êtes « mariée » avec l'Ours, mon collègue. Vous ne serez jamais pour moi qu'une femme respectable. Nous ne tolérons pas les filles parmi nous. Rentrez vos regards brûlants et ne m'obligez pas à vous rappeler au respect de notre monde. Autrement je me verrai contraint de mettre M. l'Ours au courant de votre coupable conduite. »

Mais Bébert était un emballé. Bébert était de ces hommes qui se jettent dans le feu sans prendre garde qu'ils ont un journal dans chaque main ! Bébert était un fou vendant sa peau pour un sourire.

Bébert enleva madame l'Ours.

Ces choses-là se liquident généralement à coups de couteau. Je sais un cadavre que l'on a retiré l'autre mois du Rio de la Plata...

Cette fois voici comment l'incident se régla. L'Ours vint trouver Bébert. Il lui dit :

— Tu m'as pris ma femme, tu me dois un *bouquet.*

— Je le reconnais, fit Bébert.

— Vu qu'il n'est pas d'un bon rapport de garder une môme contre son cœur, je ne dis plus rien, fit l'Ours. Je demande quinze cents pesos.

Un bouquet c'est toujours des pesos !

Pauvre Bébert ! C'était bien cher !

Il promit de régler tant par quinzaine.

L'Ours répliqua : Tu n'as pas pris ma femme à la quinzaine !

Le marché fut conclu. Ils ne signèrent pas de papiers. Dans ce monde la parole suffit.

Bébert devait encore mille pesos à son ami l'Ours quand il vint le trouver en juin :

— Ecoute, j'ai l'occasion de partir en remonte. Si tu exiges tes mille pesos, les voilà, seulement je ne puis plus courir ma chance. Tu es à ton aise. Tu ne vas pas briser ma carrière pour une erreur de jeunesse ! Je t'ai déjà versé cinq cents pesos. Considère-les au titre du tort moral. Pour le tort matériel, je t'ai pris une femme, je te propose de la remplacer. Tu connais mon bon goût, je t'en enverrai une de là-bas.

L'Ours accepta la proposition.

L'*Alsina* était en vue.

Nous attendions sur le dique (quai) tout simplement.

— Entre temps si vous étiez mort, Jean-Philippe, que ferait la petite dans cette grande ville, en débarquant ?

— Elle aurait peut-être la gentillesse de venir pleurer sur ma tombe.

— A part ça ?

— N'ayez pas d'inquiétude, elle ne serait pas perdue pour tout le monde.

— Et l'autre qui ne trouvera qu'un visage inconnu ?

— Ça doit être une courageuse qui s'est jetée à l'eau.

L*Alsina* manœuvrait pour aborder.

Du pont du bateau et du quai, les mouchoirs bredouillaient les premiers aveux des retours et des arrivées. Mes deux hommes ne bronchaient pas, fouillant le pont eux aussi, à la recherche du convoyeur. Le paquebot s'amarrait. Jean-Philippe leva la main. Du pont inférieur un bras dressé lui répondit. Le contact était établi.

L'homme du pont, en costume de bord, fit oui avec la tête.

— Tout va bien, dit Jean-Philippe. Il ne reste plus qu'à les *extraire*. Vous voyez, monsieur Albert, comment les choses se passent. A ceux qui vous diront que nous amenons des femmes de force, vous saurez quoi répondre. Ce bateau a mis vingt et un jours de Marseille à Buenos-Aires. Croyez-vous qu'elles n'auraient pas eu le temps de crier, d'appeler pendant ces trois semaines ? D'autant plus qu'elles n'ont pas dû faire le voyage en cabine de luxe. Ce n'est pas le bien-être qui les a endormies !

— C'est vous tout de même qui les avez embarquées.

— Nous sommes allés au-devant de leur désir.

— Ce désir, vous l'avez fait naître.

— Nous avons découvert leur vocation.

— Quoi ! vous êtes les mécènes de l'amour en série !

Quand la passerelle fut établie nous montâmes avec tout le monde. Je suivais mes hommes. Je les eusse suivis jusqu'en prison, jusqu'au bagne.

L'homme du pont vint au-devant de nous. Il serra les mains de mes compagnons. Il serra la mienne. J'étais de la bande.

— Bien réussi ! fit-il, mais tout le monde y a mis du sien !

— Sors-les comme les autres fois, sur le coup de neuf heures, on sera à la grille.

Nous remontâmes bourgeoisement Rivadavia. Il s'agissait maintenant d'aller boire des cubanos. On s'arrêta dans une Confiteria où j'avais remarqué qu'on les servait secs. En effet, ils étaient bons. Et cela nous donnait du courage pour les événements à venir.

— Evidemment, elles sont là parce qu'elles le veulent. Mais je suis obstiné et je vous pose encore la question. Savent-elles exactement ce qu'elles viennent faire ?

— Exactement, nous ne le savons pas nous-mêmes. De plus, des filles jeunes comme ça, avec si peu d'instruction, n'ont pas beaucoup d'idées. En tout cas, ce qu'elles n'ignorent pas, c'est qu'elles viennent gagner de l'argent avec leur jeunesse. Le reste, c'est des détails. Nous sommes là pour les expliquer.

Le Sincère, qui ne disait rien depuis longtemps, me regarda :

— On croit que notre rôle est de séduire. C'est de faire comprendre !

Il ajouta : Ce ne sont pas des choses qui sont si profondes. C'est tout naturel.

Le premier coup de neuf heures nous trouva à la grille. Le coup du quart également.

On vit bientôt un couple qui nous donna de l'espoir. Jean-Philippe dit au Sincère : c'est pour toi !

L'homme avait une casquette comme un bon inscrit, la petite pouvait passer pour une femme de chambre du bord. Nous prîmes un peu de large.

Ils franchirent la grille.

— En voici une ! fit le convoyeur.

On lui serra la main, tous les trois. Et je vis qu'elle avait sur son chapeau noir, une broche, un point d'interrogation en strass !

On apercevait à gauche les lumières de la place 25 de Mayo.

— C'est comme à Paris, vous voyez, c'est joli !

Je jure bien qu'elle ne voyait rien.

Le Sincère voulut la prendre par le bras et l'emmener quelques pas.

— Non ! dit-elle, j'attends ma petite amie.

— Vous êtes contente maintenant ?

— Je suis contente d'avoir moins peur. Je ne le recommencerais plus, vous savez. Je ne croyais pas que c'était comme ça, le voyage. On ne peut plus rien me faire, à présent ? demanda-t-elle avec un trouble non encore apaisé.

— Voilà pour moi, fit Jean-Philippe.

Un autre couple était en vue. Cette fois ce fut plus joyeux. La débarquée embrassa le compagnon avec conviction.

— Nous avons eu bien peur, dit aussi celle-ci.

— On ne vous a pas laissée sans manger, fit l'inscrit.

— Pour ça, non. Mais on n'a jamais vu le jour. On n'a vu que la nuit.

— Ainsi tu ne pourras pas dire par où tu es passée.

On marchait.

— Avec *qui qu'elle va,* ma petite amie. Avec celui-là ?

C'était moi.

— Mêle-toi de tes affaires.

On prit par l'avenue de Mayo pour leur montrer combien c'était beau.

A la terrasse d'un grand café, on s'arrêta.

Elles étaient jeunes, c'est-à-dire sans grands péchés.

Le Sincère *respectait* la future femme à l'Ours !

Elle dit qu'elle était venue afin de pouvoir envoyer des sous à sa grand'mère !

Je les laissai partir.

Elle s'en alla, interrogeant toujours l'avenir, point d'interrogation au chapeau !

XXII

PROCÈS-VERBAUX

Bon ! Mais on démasque messieurs les convoyeurs, on débusque les jeunes recluses au long cours qui vont, sans voir le jour, au pays des amours.

Hommes et femmes sont découverts par l'officier de service, pendant les préparatifs d'évasion.

On les retient à bord. Le lendemain on les conduit au Consulat. Enfin, les autorités vont tout savoir. Voire !

Interrogatoire d'un chauffeur.

— Comment avez-vous connu cette femme ?

— Le soir du départ de Marseille j'ai trouvé une femme brune à côté de la forge. Vous n'êtes pas encore couchée ai-je demandé. — Non. Je n'ai pas mangé. Vous n'auriez pas un bout de pain ? Je lui ai apporté un morceau de fromage. Je l'ai fait descendre dans le poste. Les camarades lui ont donné de leur vin. Je suis allé à mon travail. Je ne l'ai plus revue qu'à Rio.

— Pourquoi tentiez-vous de la faire évader du bateau ?

— Pour rendre service à une malheureuse.

Ce furent les aveux complets du premier convoyeur.

Interrogatoire d'un deuxième chauffeur.

— Où avez-vous connu cette femme ?

— Je l'ai découverte huit jours après le départ de Marseille, à l'arrivée à Dakar, étendue sur la grille du fourneau de la machine. Je me souviens que je lui ai dit : Un peu plus et l'on vous faisait rôtir. Elle m'a répondu : J'ai faim et je meurs, donnez-moi du secours. Je suis allé lui faire du thé. Elle m'a dit : Je voudrais bien sortir d'ici. Je l'ai amenée dans le poste. Je lui ai demandé : Etes-vous passagère ? — Non ! — Alors je lui ai dit : Il va falloir descendre. On est justement à Dakar. Elle m'a demandé si Dakar était loin de Buenos-Aires. J'ai bien ri. Elle m'a dit qu'elle allait retrouver son mari à Buenos-Aires.

— Pourquoi ne l'avez-vous pas signalée ?

— Elle m'a tellement supplié, elle était si dégourdie, que je l'ai gardée.

— Comment avait-elle trouvé cette cachette ?

— Elle m'a dit que c'est un pisteur de bateaux, à Marseille, qui la lui avait indiquée.

— Et pourquoi tentiez-vous de la faire débarquer à Buenos-Aires ?

— Je ne pouvais tout de même pas la garder pour le retour.

Ce furent les aveux complets du second convoyeur.

Déclaration d'un chef mécanicien.

— N'avez-vous rien remarqué pendant le voyage ?

— A l'arrivée, après la découverte des clandestines, j'ai remarqué que les armoires du poste des chauffeurs étaient truquées. On avait enlevé les rayons du milieu. On pouvait rester debout dans ces placards. C'est là qu'elles devaient se tenir cachées toute la journée.

Interrogatoire de la clandestine blonde.

— Comment vous appelez-vous ? Quel est votre âge ?

— Jeanne X..., vingt et un ans.

— Que faisiez-vous à Marseille ?

— J'étais vendeuse aux Galeries Lafayette, rayon de la parfumerie.

— Vous n'aviez jamais voyagé ?

— J'étais allée à Toulon.

— Qui vous a conseillé de venir à Buenos-Aires ?

— Personne.

— Comment êtes-vous montée à bord ?

— J'ai dit que je venais embrasser mon père qui était garçon.

— Qui vous avait conseillé de dire cela ?

— Une idée à moi.

— Où vous êtes-vous cachée, en partant ?

— Dans le tunnel de la machine.

— Vous n'aviez jamais voyagé, comment connaissiez-vous si bien les bateaux ?

— C'est un pisteur du quai qui m'a guidée.

— Comment avez-vous connu ce pisteur ?

— En lui donnant vingt francs.

— Qui vous l'avait indiqué ?

— Il est venu me trouver quand j'étais le long du bateau.

— Qui vous a donné à manger ?

— Je suis restée deux jours sans manger. Le troisième jour on m'a trouvée.

— Qui ?

— Un inconnu.

— Comment vous êtes-vous nourrie après ?

— Les uns et les autres m'ont fait manger.

— Qui veniez-vous retrouver à Buenos-Aires ?

— Personne.

— Dans quel but venez-vous ici ?

— Pour faire la danseuse.

—Vous croyez que madame Rasimi n'en a pas déjà suffisamment amené ?

— Je ne connais pas madame Rasimi.

— Alors, vous êtes venue toute seule, poussée par personne, attendue par personne ?

— Oui !

C'est tout ce que la clandestine blonde avait à déclarer.

Interrogatoire de la clandestine dégourdie.

— Jeanne X, modiste, à Marseille, vingt et un ans.

— Pourquoi êtes-vous venue à Buenos-Aires ?

— Pour travailler.

— A quoi ?

— Dans ce que je trouverai.

— Qui vous a embarquée à Marseille ?

— Personne.

— Vous avez dit au chauffeur que vous veniez retrouver votre mari.

— Oui.

— Où est-il ?

— Je ne suis pas mariée.

— Alors vous veniez retrouver un ami ?

— Je ne connais personne.

— Que faisiez-vous dans le fourneau de la machine ?

— Rien.

— Qui vous avait mise là ?

— Un inconnu.

— On a trouvé sur vous une adresse : 445 Cerrito (mon libraire !), qui vous l'a donnée ?

— Une bonne dame, à Marseille.

— Comment s'appelle-t-elle ?

— Je ne la connais pas. Je l'ai rencontrée dans un café cours Belsunce. On a parlé. J'ai dit que j'allais partir pour Buenos-Aires. Elle m'a dit : Si vous êtes ennuyée voilà une adresse où vous pourrez vous faire comprendre.

— Pourquoi avez-vous voyagé sans billet ?

— Pour garder mon argent !

— Vous ne connaissiez pas le chauffeur qui vous a nourrie et qui essaya de vous faire quitter le bord ?

— Je ne l'avais jamais vu.

C'est tout.

C'est tout ce que l'on tire, officiellement, des convoyeurs et des convoyées.

La Compagnie de navigation les ramènera à Marseille.

A l'arrivée la police enquêtera. On débarquera un chauffeur, un garçon, un officier.

Les « courageuses » repartiront par Bilbao.

XXIII

N'Y EN AURAIT-IL QU'UNE

Vous sentez bien que je vous conduis par des chemins de labyrinthe ?

A chaque pas nous nous cassons le nez.

Ah ! s'il s'agissait d'avancer par une large trouée, de regarder à droite, de dire : là, je vois ceci, de regarder à gauche, de dire : ici, je vois cela, la vie serait belle et la promenade aussi.

Ce ne sont que ruelles, culs de sac, crevasses, coupe-gorge, escaliers borgnes, couloirs en sifflet, tunnels, soupiraux, impasses et autres passes !

Le pied glisse, le talon tourne, les grandes enjambées sont défendues. On avance à pas de vieillard.

La vérité ici n'est pas une vérité d'ensemble. Il ne suffit pas de tirer un rideau et de dire : regardez là : il faut la reconstituer sans énervement comme l'on fait des images d'un puzzle.

Il y a les femmes qui ne demandent qu'à venir.

Il y a les femmes qui viennent parce qu'un homme a su le leur demander.

Il y a les femmes qui viennent avec la seule idée de manger tous les jours et de faire manger les leurs, quitte à faire n'importe quoi.

Ce sont celles qui savent.

Il y a les hésitantes, celles qui ne veulent pas « y aller toutes seules » mais qui restent quand même sur le bord, sachant bien qu'elles sont en grand danger d'être poussées. Celles qui n'ignorent pas qu'en mettant le nez à la fenêtre elles risquent de se le faire pincer, mais qui préfèrent mettre ce nez à cette fenêtre.

Il y a celles qui ne savent pas.

Tous ceux qui voyagent en rencontrent.

Elles ne forment pas un régiment. Pour mon compte, un caporal suffirait pour commander les « miennes ». Elles ne sont que quatre.

N'y en aurait-il qu'une !

Ma première, ce fut sur le chemin d'Athènes, ma deuxième sur le chemin de Beyrouth, ma troisième sur le chemin de Shanghaï, la quatrième, la voici :

Vingt et un ans, passeport en règle, un charme

qui vaut une beauté, caissière dans un bazar de Marseille. Un vrai bazar !

Elle est sur le chemin de Buenos-Aires. C'est son premier voyage. A bord, elle confie ses espérances aux passagers :

— Je gagnerai quatre fois plus comme caissière en Argentine...

Les passagers, vieux rouliers de la ligne, sourient.

— Dans un an je pourrai faire venir ma mère, avec ma sœur...

— Voyons, lui dit dit une dame, vous semblez être une honnête fille. Qui vous a procuré cette place ?

— Un monsieur et une dame. De braves personnes. Je les ai connus au restaurant où je mangeais, à midi. Ils m'ont prise en amitié. Ils me raccompagnaient souvent jusqu'à mon bazar. Ils m'ont dit qu'ils avaient habité Buenos-Aires, qu'ils y avaient des amis et qu'ils pouvaient m'y trouver une belle situation. Ils ont écrit. J'ai lu la lettre et la réponse. Leurs amis m'ont acceptée tout de suite. Ils ont même envoyé l'argent pour le voyage.

— Comment s'appellent-ils ces amis ?

— Monsieur et madame Majou.

— Que font-ils ?

— Ils ont deux grands bazars. Ils viendront me

chercher, à l'arrivée. Je dois tenir un mouchoir bleu à la main.

— Ma petite, cela s'appelle la traite des Blanches. Vous savez ce que c'est ?

On le lui expliqua. Elle pleura. Des passagers la conduisirent chez le commandant :

— Mademoiselle, les bazars de monsieur et madame Majou ne sont pas des maisons où l'on vend des jouets pour enfants. Ma longue expérience peut vous l'assurer. Ne pleurez pas.

— Pourtant le monsieur du restaurant était conseiller municipal en Corse et directeur d'un journal au Maroc !

— Qui vous l'a dit ?

— Lui, quand il est venu chez maman...

Elle donna le nom de l'élu de la Corse, et dans son innocence elle ajouta : Ses amis l'appelaient parfois : le giron !

Madame Majou était sur le quai quand le bateau accosta.

La police argentine, prévenue par le Consulat, n'y était pas.

La patronne de bazars monta à bord et se dirigea vers le mouchoir bleu.

— Madame Majou ? fit un officier du bord.

L'instinct est un sentiment très développé dans le *Milieu*.

Madame Majou disparut.

Le Consulat rapatria la brebis avec toute sa laine.

Puisqu'il est encore tant de candeur par le pauvre monde, je voudrais que cette simple histoire fût imprimée au dos des menus, dans les restaurants où vont déjeuner les petites caissières dont les mamans n'ont jamais entendu parler d'un giron.

XXIV

MONSIEUR LE PASTEUR

Sur le mur, mur de sable je n'en doute pas, où j'écris ce récit, je me permets d'accrocher un tableautin.

Dans Charcas, où j'allais également retrouver les compagnons de ma nouvelle vie, une fois j'aperçus, parmi eux, une figure inattendue. Je demandai quelle était cette tête de gargouille.

— C'est le Pasteur !

Je crus à un surnom.

Originaire du Kurdistan, il avait fait ses études à Urmia sur le lac de Van. Il était maintenant Syrien, protégé Français.

Il venait d'Amérique du Nord.

C'était un homme du Milieu.

— Quand prêches-tu ?

Il répondit qu'il prêcherait dimanche matin à dix heures.

— Le Pasteur est très vieux, il le remplace.

— Où prêche-t-il ?

— Dans un temple, pardi !

J'ouvris des yeux émerveillés.

— Si vous voulez m'entendre c'est à la chapelle méthodiste Estados Unidos 1219.

J'en restai béant.

Il était bien du milieu : une femme à la Boca, une autre dans Cangallo.

Je ne me serais plutôt pas couché, j'étais Estados Unidos le dimanche à dix heures du matin.

Je regardais, je mesurais, je palpais les pierres, pas d'erreur, c'était une chapelle !

De méthodistes !

Je me répétais que l'on ne pouvait trouver sectes plus rigides.

Je voyais les âmes de ces fidèles passer devant moi, réincarnées dans des manches à balai !

J'entrai, raide comme la vertu.

Il y avait là des Américains du Nord, droits et secs. Leurs femmes, froides comme la rencontre des deux pôles. Elles devaient être un peu aigres, aussi, mais je ne les ai pas goûtées !

Je suppose qu'il y avait des Ecossais.

Et voilà ma gueule de cul de lampe qui apparaît et se met à prêcher en anglais !

On était au mois de novembre, il leur parlait déjà de la Passion !

J'avais peur que mes oreilles ne fussent pas assez larges pour tout entendre.

Il vit bien que j'étais là, changé littéralement en pierre.

Sa langue n'en fut pas impressionnée et garda sa souplesse. Les Américains du Nord et, je suppose, les Ecossais, et le vénéré pasteur dont la présence authentiquait le remplaçant, tous, en ce matin, élevaient leur âme sur la parole du vendeur de femmes.

Alors je compris que l'intelligence de Dieu était infinie. Il fallait être Lui pour permettre cela.

Du ciel seulement pouvait tomber une si grande leçon de tolérance.

XXV

PROPOS AMERS D'UN ANCIEN AU COURS D'UNE SOIRÉE INTIME

Ce soir j'étais invité à dîner en famille.

Il y aurait une Galline, son homme, un vieil ami, la portière et moi.

La chose se passerait dans la casita.

J'attendais mon hôte, Ideal Bar.

C'était Lu-Lu, Lucien Carlet, le passager de Bilbao, l'une de mes plus anciennes relations. J'aurais pu tourner dix ans autour de l'Amérique du Sud, entrer par Panama, sortir par Magellan, je n'eusse rencontré plus sympathique compagnon.

Quand on a vécu quarante jours côte à côte, dont vingt-quatre de mer, on doit se connaître et l'on peut s'apprécier.

On était d'ailleurs devenus amis. J'espère qu'on le demeurera.

Il arriva, ses yeux toujours aussi bleus que la

Méditerranée, ce qui me changea des eaux sales du Rio de la Plata.

Nous causâmes de nos petites affaires. Il n'avait pas encore « casé » la nouvelle, la passagère de Bilbao. Il ne lui trouvait que des places « indignes ». La mettre à la Boca ? jamais ! En faire une femme d'appartement ? Elle ne parlait pas encore l'espagnol. Aucune casita de libre dans un quartier convenable. L'employer « aux remplacements » ? Elle en avait déjà fait un avant-hier. Ce n'était que transitoire. Le mieux serait l'envoi au campo, à Rosario. Elle apprendrait la langue. On verrait après. Il me demanda mon avis.

— Que préfère-t-elle ?

— Ce que je déciderai.

Je fus sans avis.

Le cartel de l'Ideal Bar sonna huit heures.

— Il faut s'en aller ! La bourgeoise ne serait pas contente si nous laissions brûler son dîner. Elle doit vous avoir en sympathie, elle y travaille depuis hier soir.

— Alors, on va manger de la ratatouille ?

Taxi. Vitesse. Belgrano. Nous y sommes.

Dring ! La portière s'empresse. Le vieil ami est là, dans le patio.

— Et Madame ?

— Occupée.

— J'avais dit de fermer à sept heures. Qui surveille la cuisine ?

— Soyez tranquille, elle s'en occupe. Elle ne fait que courir, entre temps.

Ce dîner confectionné *entre temps* eût excité le plus lamentable appétit.

— Faites vider la maison !

— Il n'en reste plus qu'un !

Il dut sortir. J'en demande pardon à ce malheureux ! Le précédent était encore avec madame et le dîner brûlait peut-être ?

Je me mis à me promener avec autorité. Je n'étais pas fâché, pour une fois, de faire le propriétaire dans l'une de ces maisons où mes plus hautes espérances ne m'avaient jamais fait entrevoir qu'un rôle de locataire !

Madame sortit de la chambre en coup de vent et courut à son fourneau.

L'intrus apparut. Je le toisai comme s'il eût été chez moi. Il s'en alla rapidement.

— Mettez le verrou ! cria Lulu.

Je répétai à la portière : Mettez le verrou ! Enfin ! on était entre soi !

O métamorphose des maisons d'amour vues à l'envers. Tout est ordre, santé et bourgeoisie. Le vieil ami scie du bois dans la cour, la portière lit le feuilleton du *Petit Provençal*. Lulu débouche les bouteilles en chantant : *Les Montagnards! Les Montagnards sont là!* Madame saute d'une queue de casserole à une autre queue de casserole. Un chien policier va de l'un à l'autre, léchant ces mains qui sont bonnes pour lui. L'honnête vie d'intérieur!

Retraversant la cour, madame embrasse Lulu sur les deux joues. Deux bons baisers qui pourraient se donner devant des enfants.

— Passe ta robe noire !

— Bien sûr ! Je ne vais pas me mettre à table avec mon peignoir de travail !

Le dîner est bon.

Je suis à la droite de madame. Madame est très gracieuse. Sur ses cartes de publicité son nom est Solange. Dans l'intimité : Marie.

Je ne l'avais revue depuis le soir du *Mihanovitch*, quand elle allait à Montevideo chercher l'autre femme de son « mari ».

— Je la trouve trop bien ! dit-elle.

— Madame Marie, fait l'ancien, vous savez que vous êtes la première.

— En tout cas, Lulu, je ne veux plus que tu lui prêtes mes affaires.

Pour le remplacement dont il fut question, Lulu avait emprunté du linge à sa femme.

— Ma chemise, mon peignoir, ma même couleur de cheveux ! Tu n'as qu'à l'appeler Marie, aussi !

— Cela te prouverait, au contraire, dit Lulu, que même dans une autre je ne veux voir que toi.

Elle lui piqua la main du bout de sa fourchette.

L'ancien souriait à ces galanteries.

Il avait cinquante-deux ans. La roue de la vie n'arrêtait plus devant lui que ses mauvais numéros. C'est pourquoi le jeune « assistait » l'ancien. Son couvert était mis chaque jour à cette table.

— On me piquait aussi la main avec une fourchette, autrefois ! dit-il.

— Il te reste dix mille pesos. Change-les. Cela te fait cent quarante mille francs, et rentre à Marseille. Voilà ton avenir maintenant. Tu ne veux pas m'écouter.

— Il veut me mettre à la retraite ! celui-là !

Il soupira :

— Les femmes... les femmes ! Elles sont gentilles tant qu'elles n'ont rien à manger. Sitôt que leur ventre est plein, elles deviennent méchantes. Elles n'ont aucune reconnaissance ! Je ne dis pas cela pour vous, madame Marie.

— Ce n'est pas la faute de la Berthe si elle est morte !

— Je ne pense pas à la Berthe. Mais après ce

que j'ai fait pour tant d'autres ! Ces voyages ! Ces remontes ! j'ai risqué le bagne, moi, pour elles ! Il y a de ces traversées dont je me souviens comme d'un cauchemar. Je préférerais « tirer » un an de Santé que de les recommencer.

J'ai débuté au temps où nous, les anciens, nous les dirigions d'abord sur Ostende. Le bateau s'appelait *le Lapin*. On en a dépensé du courage et de l'héroïsme. On arrivait dans le port de Londres. On se défilait à travers les docks. On allait embarquer à Manchester sur des cargos de bananes. A ce moment c'était la Havane qui rendait bien. On les menait jusqu'à Kingston, à la Jamaïque. Peut-être ne suis-je pas né du côté de la chance, je tombais sur des « bêtes véreuses ». C'était pourtant moi qui les choisissais. Ah ! les paysannes ! Tiens ! je préférais une apache, c'était plus difficile à tenir en main, mais plus loyale ! Vous ne pouvez pas vous imaginer tout le vice qu'il y a dans la peau d'une femme mal affranchie, et même dans celle des autres ! J'ai failli en laisser deux à Colon, que j'amenais à Santiago. Mes premiers cheveux blancs, ces deux dames me les ont fait prendre. D'abord, sur le bateau : allez-y avec tout le monde ! Avec les officiers, avec les matelots, avec les passagers ! Ah le bateau était content, c'était moi qui régalais. Qu'est-ce qui fait donc les femmes aussi grues ?

— Dites, monsieur Antoine, vous oubliez que je suis là !

— Vous savez bien, madame Marie, que vous n'êtes pas de cette catégorie. Et moi ? Je ne pouvais rien dire, officiellement. J'étais censé ne pas les connaître. Elles allaient m'attraper des maladies ! Et qu'est-ce que je ferais d'elles en arrivant ? Je n'avais pas encore tout vu ! Ne voilà-t-il pas qu'une de mes pouliches se toque d'une passagère ! Et la passagère, une Américaine, se toque de ma pouliche. Elle était plus riche que moi, cette vicieuse-là ! Vous voyez d'ici la lutte. J'ai été forcé de me mettre au mieux avec une émigrante dans le but de m'en servir comme appât pour ramener la Sapho !! Voilà ce qu'elles vous obligent à faire, les femmes !!

Elles m'échappent encore à Kingston ! Je dois lâcher dessus deux beaux gosses chargés de leur prendre le porte-monnaie. Le lendemain de la nuit d'amour, je les ai retrouvées. Elles pleuraient le long d'une vitrine. Elles avaient le ventre vide et ne savaient pas parler la langue. Alors elles redevinrent maniables. Mais pensez ce que cela m'a coûté ! Dites-moi, madame Marie ? N'aurais-je pas bien mérité de les tuer?

— Monsieur Antoine, dit la portière, moi j'ai été comme ça dans le temps, avec mon deuxième homme.

— Ce n'est pas beau, madame Lison, c'est tout ce que je peux dire ! C'est peut-être pourquoi vous voilà portière, au lieu d'être propriétaire d'un bar bien luisant et bien placé, à Marseille.

— Chacun fait ses bêtises irréparables, monsieur Antoine.

Royal repas. On traite bien ses invités dans le Milieu. Peut-être me demanderez-vous si je ne trouvais pas un certain goût à la cuisine ? Pas du tout. Je me souvenais même, incidemment, d'un autre dîner que j'avais fait naguère en Orient chez un personnage considérable et qui portait, large comme un pion, une rosette de la légion d'honneur. Cette aimable fripouille avait gagné ses millions de livres, son influence et, par la suite, sa décoration, en stockant le blé pendant la guerre, ce qui avait créé dans le pays l'une de ces famines que l'on qualifie d'historiques. Il avait dépêché par la faim et le typhus des milliers et encore des milliers de pauvres serfs, de femmes de serfs et d'enfants de serfs. Le dîner de monsieur et madame Lulu passait tout de même mieux.

Le timbre de l'entrée retentit. Instinctivement la portière se leva. Le maître de la maison la pria de se rasseoir.

On découpait les poulets.

— Voyez-vous, reprit l'ancien, aller à New-

York ou au Canada, c'était un plaisir. Au moins elles étaient malades pendant toute la traversée. Elles n'avaient pas le temps de vous déshonorer sur le bateau. Mais par ici, avec ces Espagnols qui sont terribles et parfumés, et cette mer qui est douce, c'est un calvaire.

— Rentre au pays !

— C'est dur, après tout ce travail, de se trouver « désaffecté ». J'étais pourtant bien capable. J'ai toujours eu le malheur de travailler pour les autres. Quand je pense que c'est un préfet de police qui m'a enlevé le pain de mes vieux jours, tu vois...

Il en posa avec force son couteau sur la table.

Le timbre de l'entrée retentit de nouveau. Personne ne broncha.

— Oui, monsieur, je n'ai pas l'honneur de vous connaître, mais, parole d'homme, c'était au Chili. Il avait connu ma femme lors d'une arrestation. Elle n'avait rien fait de mal, elle était dans une affaire d'ensemble. Il en tomba complètement amoureux. Il l'envoyait chercher tous les matins, à la prison, par son automobile, pour la conduire au bain sur la plage ! Vous croyez que l'on ne voit pas des choses dans ces pays ? Jusque-là tout allait bien. C'était même bon.

— C'est encore assez bon ! fis-je tout réjoui.

— Elle ne traîna pas dans les cellules ! Il la

prit. Il l'installa provisoirement dans un grand hôtel. Je n'y voyais pas d'inconvénient, encore. Je m'aperçus bientôt que la môme changeait. Une femme, ça ne peut pas supporter une haute situation sans perdre la tête !

Le timbre de l'entrée retentit une troisième fois.

— Je sentis que le monsieur voulait se débarrasser de moi, me voler ma propriété, quoi ! Mais la petite s'opposa à mon expulsion. Le luxe ne lui avait pas encore fait perdre tous ses bons sentiments.

Il lui acheta une villa dans l'avenue principale. Savez-vous ce qu'il inventa ? Il m'interdit de passer dans cette avenue. J'étais libre, je pouvais me promener dans tout Valparaiso, excepté dans cette avenue. Dès que les flics apercevaient ma silhouette du côté de l'avenue, ils me faisaient faire demi-tour. C'était une rue barrée uniquement pour moi. Connaissez-vous un autre homme qui ait eu une histoire pareille ? Comment trouvez-vous ça ?

— Magnifique ! et digne d'être fêté.

Je tendis mon verre. On me le remplit.

Le timbre de la porte retentit une quatrième fois,

...puis une cinquième.

Je bus. On but.

...puis une sixième.

— Bon Dieu ! fit Lulu, on n'a jamais vu des

cochons pareils ! Va leur dire qu'ils nous fichent la paix.

Noblement, la portière se leva et s'en fut transmettre aux Argentins impétueux l'ordre catégorique du maître.

Cependant madame Lulu, plus sérieuse, regardait sa montre.

— Et je suis parti, fit l'ancien. La petite, qui sentait bien qu'elle me devait quelque chose, m'a donné ses bijoux. Je fus toujours le sacrifié !

Et l'on mangeait !

Et le timbre retentissait.

Plus l'heure avançait plus il retentissait.

Et l'on buvait du bon champagne gagné par la courageuse Galline.

— Il serait peut-être sage, dis-je sur un nouveau coup de timbre, de laisser votre femme à ses devoirs.

— C'est une idée !

Et l'on ouvrit la porte. Et le flot contenu se précipita. Et nous, les trois hommes de l'autre côté de la barricade, nous les rois de la création, nous partîmes ailleurs continuer la fête, laissant notre belle hôtesse en tête à tête avec sa double vaisselle.

XXVI

L'ATTENTE

Il était dix heures du soir.

Nous longions le jardin d'acclimatation. J'étais avec l'Ours.

Vous savez, l'Ours, à qui Bébert avait envoyé un *colis !* Il était descendu du Campo pour en prendre livraison.

J'avais fait sa connaissance depuis une semaine.

Tout à l'heure nous avions quitté sa femme, sa première, la vraie, qui travaille dans le promenoir du Casino. Ce promenoir du troisième étage ! Il faut que je vous dise un mot, en passant. C'est quelque chose comme une fosse. Les dames n'ont le droit de se tenir que dans le fond, loin de la rampe. Il ne faut pas qu'on les voie de la salle. Si vous ne vous rendez pas compte du spectacle que cela compose, c'est que vous n'avez jamais rencontré cinq cents moutons sur un petit cargo d'Algérie.

Il est vrai que l'Argentine est le pays de la laine !

Et des peaux aussi.

Et des cornes.

J'ai fendu des mers et des continents. Je n'ai pu fendre l'îlot des Gallines du Casino de Buenos-Aires. Elles sont comme les phoques de l'Isla de Lobos. Elles couvrent tout ce territoire du troisième étage. Encore ne sont-elles pas allongées, mais debout. Chacune ne l'occupe que de son volume vertical. On dirait une colossale botte d'asperges, maintenue comme par un cordon, par les hommes arrivés, le matin, de la pampa.

Je referais le voyage rien que pour voir ça.

L'Ours avait simplement dit à sa femme : Cette nuit je ne rentrerai pas. Je vais « soigner » la nouvelle.

Dans le monde ordinaire l'homme quitte aussi sa femme pour aller en voir une autre. Mais il ne le lui dit pas. Il invente de folles histoires. Pourquoi ? L'adultère ne vous suffit donc pas, il faut que vous y ajoutiez le mensonge ? Et peut-être même le faux serment ? Vous voulez donc vous charger de tous les péchés à la fois, ô mes semblables à moi !

Cet ours était assez convenablement léché. Il avait déjà conquis tous les droits sur le petit gâteau de miel, importé de France.

Il se déclarait satisfait. Le collègue ne s'était pas moqué de lui. Nous allions voir la clandestine de l'*Alsina*. Elle était « en attente ».

C'est-à-dire qu'elle ignorait encore à quelle sauce elle serait mangée : sauce Boca, sauce casita, sauce appartement, sauce campo.

Elle attendait bien sagement son destin comme un petit poulet déjà tout prêt, dans un garde-manger.

Ce « garde-manger » était une chambre. Nous y arrivions.

— Ecoutez ! me dit le caftane.

La rue était vide et sans lumière et le quartier lointain.

Le bruit d'une machine à coudre parvenait d'un rez-de-chaussée.

— Elle travaille !

L'Ours retira trois clefs de sa poche.

— Les clefs de mes trésors ! fit-il. Avec trois clefs on commence à gagner sa vie !

Il choisit la bonne. On entra. On traversa une cour. Nous voici dans la chambre.

Le dos tourné, courbée sur sa machine, piquant avec application, la petite ne nous avait pas entendus.

C'était une grande pièce, peu meublée. La lampe du plafond, descendue au-dessus de la machine, n'éclairait bien que la jeune travailleuse.

— C'est moi ! fit-il.

Elle sursauta.

— Voyez ! elle prépare sagement son petit linge.

On ne se présenta pas davantage, n'étions-nous pas de vieilles connaissances ?

— J'ai fait quatre chemises, déjà.

— Tu n'en as jamais eu autant ?

— Non !

Il lui donna un paquet de bonbons anglais.

— Eh bien ! embrasse-moi !

Elle avait dix-neuf ans. C'est tout ce qu'elle avait... avec sa grand'mère !

Je lui demandai si elle était contente.

— Il faut bien ! dit-elle.

— Vous n'avez pas envie de repartir ?

— Oh ! je suis bien raisonnable !

L'Ours :

— Elle n'ignore pas que je vais faire d'elle une grande fille. Que je l'ai déjà prise en amitié.

— Il m'emmène au cinéma toutes les après-midi.

— C'est pour t'apprendre la langue.

— Mais c'est pas défendu. Si ça m'amuse aussi ?

Le chapeau était sur le lit et le point d'interrogation toujours sur le chapeau...

— Si elle veut, dans deux ou trois ans, elle pourra retourner en France. Je lui mettrai de côté sa part d'argent.

— On en enverra à ma grand'mère avant !

— Avant et après, tous les mois. J'aime les filles comme toi qui ont du cœur. Je lui ai acheté deux belles robes, hier.

Elle alla les chercher pour me les montrer.

— Elle n'en voulait qu'une ! Il fallait envoyer l'argent de l'autre à la grand'mère. Elle ne mourra plus de faim ta grand'mère, je te le dis.

Elle l'embrassa.

— Travaille bien ! Je reviendrai cette nuit avec toi.

Nous sortîmes.

La rue était vide et sans lumière et le quartier lointain.

Le bruit de la machine à coudre recommençait.

XXVII

LE CRÉOLO

Le Créolo ! C'est le caftane argentin.

Les Français du Milieu, eux, le baptisent : ruffian de *café con lèche*.

Cela parce qu'il passe ses journées à la terrasse d'un bar, devant un café crème. Un seul.

On l'appelle aussi Canfinflero. Canfinflero : homme qui n'exploite qu'une femme. C'est le cas du Créolo. Cela lui suffit. Il craint la fatigue.

En argot, Canfinflero fait Cafishio.

On dit encore : Le compadre. Si jamais il se perdait, convenez avec moi que ce ne serait pas faute d'état civil.

Le canfinflero demeurera l'un des plaisirs de mon esprit.

Si par impossible ou par erreur du sort, je connaissais des jours amers, je rappellerais devant mes yeux l'image d'un canfinflero. Aussitôt l'éclatant soleil de la joie redorerait mes pensées grises.

Ah ! le bel enfant !

Pour l'admirer j'avais pris un abonnement chez un coiffeur d'Esmeralda.

Quand le canfinflero n'est pas devant son café crème, il est chez le coiffeur.

Il ne demande pas à manger. Il ne demande pas à boire. S'il pouvait se faire servir le même café crème pendant une semaine, il n'y manquerait pas. Il n'a besoin de rien que beaux dessus et beaux dessous. Par exemple, il ne saurait sentir remuer ses doigts de pieds que dans la soie. Il n'est toujours posé que légèrement sur les chaises, pour ne pas rider son pantalon. Il arrive qu'un jour le pli de ce pantalon soit mieux fait que le pli de la veille, alors, mon créolo ne s'assoit pas de toute la journée ! Quand sa femme veut l'embrasser : Attention, dit-il, tu vas me chiffonner !

Une cigarette, un peigne, un peu de noir aux yeux, et la vie vous a tout donné !

J'avais donc pris un abonnement chez leur coiffeur.

Le spectacle était si merveilleux que je refusais, ma toilette faite, de quitter mon fauteuil.

— Monsieur, me disait la manucure, c'est fini !

— Recommencez, mademoiselle.

Mes canfinfleros arrivaient. Par les ailes entre

pouce et index ils soulevaient lentement leur chapeau. De leurs deux mains, ils allaient le pendre à un clou non sans avoir auparavant chassé d'un souffle léger, une poussière toujours possible sur un tel instrument. Cela fait, de deux doigts délicats ils replaçaient leur cravate qui n'était pas déplacée. Une pichenette sur l'avant-bras où peut-être une petite puce osait s'ébrouer.

Les voilà devant le siège. Ils le regardent. Eclairé par ce regard l'artiste essuie le rond de cuir. Mes hommes s'assoient comme sur des œufs.

Alors on leur fiche des huiles, des graisses et des pommades sur la tignasse. Poil par poil on les rase. La figure dans un linge chaud d'où ne sort plus que leur museau, on les évente. On leur récure l'entrée du canal de la trompe d'Eustache, et peut-être bien la sortie ! Poudre, miroir, retouche. Re-poudre, re-miroir ! Un nouveau petit coup du menton dans la glace. Fini !

Ils sont debout. Et les voici qui s'immobilisent, les bras horizontaux et repliés en ailerons.

Fermez la fenêtre, ils vont s'envoler et je ne les reverrai plus ! S'ils se tiennent dans cette position ce n'est pas pour prendre leur vol, c'est pour recevoir le coup de brosse. Ils tournent lentement sous la brosse. De leurs deux mains ils repincent leur chapeau par les ailes. Au-dessus de leur chef ils élèvent ce couvre-chef. Et, de nouveau, devant la glace, ils visent au moins cinq minutes l'entrée du galurin !

Leur travail consiste à « lever » les femmes des Français et des Polaks.

Ils laissent les autres aller en remonte, courir la France et la Pologne, fouiller Marseille et Cracovie, dénicher la señora. L'habiller. La former. Payer le voyage, risquer la prison, composer avec la police. Manœuvrer, dépenser. Peiner.

Pendant ce temps, eux, se font lustrer le poil dans Esmeralda.

Le canfinflero date pour le moins de l'âge du plésiosaure. De tout temps et sous tous les cieux, on vit de jeunes garçons fumer leurs premières cigarettes aux frais de dames énamourées. Ainsi faisait le créolo.

Quand le Français arriva.

Ces élèves allaient voir travailler des professeurs.

Tout le monde sait que la France est une nation de cadres !

Ils comprirent alors ce que pouvait donner le métier de ruffian lorsqu'on savait le porter à la hauteur d'une institution.

Ayant reçu la lumière, ils marchèrent droit devant eux. La femme qui représentait la plus grande valeur marchande était la Française. Ensuite la Polak. Après la Créola : la leur. Donc, délaisser la Créola, se faire les ongles sur la Polak, atteindre la Franchucha. En avant !

Poudrés, fardés, parfumés, repassés, biseautés pour mieux briller, ils allaient prendre leur tour dans l'antichambre des casitas. Comme clients. Là, ils commençaient à travailler le mieux possible. L'art, en amour, est un vain mot seulement pour les ignorants. Je me demande ce que l'on attend pour décréter que si l'amour est parfois un sentiment, il est bien plus souvent un art !

Ils revenaient.

Ils apportaient des gâteaux !

On a toujours pris un peu les femmes avec du sucre.

C'est bien ce que les marchands de bonbons, ces grands psychologues, ont compris !

Ils l'enlevaient.

Homère ! Prince des reporters, où es-tu ? J'aurais besoin de toi. Il s'agirait de chanter les combats des maquereaux de France contre les maquereaux d'Argentine. Ce sont de beaux combats. Je ne t'embarque pas là dans une mauvaise affaire. Il y a des tas de morts !

Alors les Français descendaient sur les Créolos.

L'honneur du drapeau était en jeu.

A dix contre trente, les nôtres, bravement, entraient dans la principauté ennemie.

Et je vous prie de croire que la furia francesa en décousait !

Une bonne leçon est toujours comprise.

En dehors de ceux qui mouraient en la recevant, les autres en profitaient.

Ils s'informaient avant de retourner faire le toréador dans une casita.

Ils ne s'attaquaient plus à la femme d'un puissant.

Mais à celle d'un petit, d'un inconnu, d'un nouveau débarqué, d'un va-nu-pieds, d'un sans défense.

Les humbles ont toujours payé pour les seigneurs.

Comme il ignore l'art de bien manger, qu'il n'a pas besoin de thésauriser pour partir en remonte, que l'avenir de la femme ne le préoccupe pas, qu'il vit seulement de pommades et de fumées, que son rêve n'est d'acheter ni un bar, ni une maison sur la Marne, mais une pochette de soie, il fait une superbe vie à la Franchucha. Les lundis on boucle la casita et, à nous les autos et les opéras, le champagne et les danseuses en pagne. On dépense ensemble, ce jour-là, tout ce qu'elle a gagné seule, dans la semaine.

Trouvez-vous, pour parler comme mes nouveaux compagnons, que ce soit là une bonne mentalité ?

Franchuchas !

Allez voir vos aînées qui ont suivi l'Arlequin. Elles sont fraîches ! Dédaignées par les Français, abandonnées par les Créolos, elles n'ont été recueillies que par la cocaïne.

Elles composent un beau tableau dans ce café de plein air, où, si elles se parlaient, on croirait qu'elles se donnent rendez-vous.

Est-ce pour cela que vous avez fait la traversée dans le tunnel de la machine ou dans le placard du poste des chauffeurs ?

Regardez ce qu'il en coûte de suivre l'enchanteur qui vous conduit au bal avec votre argent, plutôt que de travailler sérieusement avec l'homme rangé qui vous mène durement et vous prend un compte en banque !

Regardez : elles sont là, maintenant, maigres, sans avenir, détraquées et beaucoup soûles !

Méfiez-vous du joli son que rend la flûte du canfinflero.

Le Plaisir ? quel plaisir ?

Franchuchas ! vous croyez que l'on vous amène à Buenos-Aires pour prendre du plaisir ?

Voyons !

XXVIII

LA RESPONSABILITÉ EST SUR NOUS

Je voudrais que l'on me fît l'honneur de m'écouter encore un peu.

Je suis allé au Bagne.

J'ai fouillé Biribi.

J'ai pénétré dans les maisons de fous.

Je reviens de Buenos-Aires.

Pourquoi ?

Pour vous raconter des histoires ? J'en sais de plus attrayantes. L'homme qui, depuis quinze ans, sans arrêt, roule par le monde n'est pas à court d'histoires.

J'ai voulu descendre dans les fosses où la société se débarrasse de ce qui la menace ou de ce qu'elle ne peut nourrir. Regarder ce que personne ne veut plus regarder. Juger la chose jugée.

Je n'ai pas cru devoir dormir en paix sur le doux lit de la loi.

J'ai pensé qu'il était louable de prêter une voix, si faible fût-elle, à ceux qui n'avaient plus le droit de parler.

Suis-je arrivé à les faire entendre ? Pas toujours.

Ceux qui vivent sans chaîne, sans contrainte, ceux qui mangent tous les jours font un tel vacarme pour leur propre compte qu'ils ne perçoivent pas les plaintes qui montent d'en bas.

Quand on leur demande un peu de silence, ils répondent qu'ils n'en ont pas le loisir.

Ils croient même qu'ils n'en ont pas le devoir.

Si je me trompe, je préfère me tromper à ma façon que de ne pas me tromper à la leur.

Il s'agit aujourd'hui d'une vieille question qui fait plus souvent sourire que frémir.

Ce sourire ne devrait pas être de rigueur.

A la base de la prostitution de la femme il y a la faim.

Il ne faudra pas perdre un instant ce point de vue là.

S'il n'y avait pas la faim, il y aurait encore des femmes à vendre. Il y aura toujours des femmes à vendre tant qu'il y aura des hommes pour les acheter. Et l'on verra la fin du monde avant de voir la fin du demi-monde. Seulement, il y en aurait quatre-vingts pour cent de moins.

Il n'y aurait que celles qui veulent.

Il y a celles qui subissent.

Depuis trois ans la Société des Nations mène dans le secret une « vaste enquête » sur la traite des Blanches.

Elle a envoyé des commissaires en Extrême-Orient, au Canada, en Amérique du Sud, en Orient.

Ces commissaires se sont bien promenés.

Ils ont avalé de la poussière, sinon celle de la route, mais celle des dossiers.

Ils ont cherché la vérité dans les dossiers !

Ils étaient des hommes beaucoup trop sérieux pour la chercher ailleurs.

C'est pourquoi ils l'ont cherchée où elle ne se trouvait pas.

Les dossiers n'ont jamais été constitués pour combattre la traite des blanches, mais pour dégager la responsabilité des fonctionnaires chargés de la combattre.

Les commissaires de la Société des Nations veulent organiser la vertu sur la terre. Je les salue bien, non sans un joli petit sourire.

Je sais en effet ce que ces messieurs appellent la

vertu. La vertu, pour eux, est le vice qui ne se voit pas.

Que des pays à mentalité primitive, comme les États-Unis d'Amérique, nettoient la façade et ramènent la saleté à l'intérieur, installent l'intolérance en croyant supprimer la tolérance ; tant mieux pour eux s'ils n'ont besoin que d'apparence.

Nous avons dépassé ce stade.

Le respect humain ne saurait plus nous guider.

Les escamoteurs eux-mêmes savent très bien que ce n'est pas faire disparaître l'objet que de jeter un voile dessus.

Nous avons tous connu des pays à vertu officielle.

La jolie farce !

Si l'on arrête radicalement la culture du pavot, on supprimera l'opium. On peut donner ce moyen, du moins son principe, comme inattaquable.

Les vertueux de la planète agissent comme si la femme était une plante. Ils travaillent à la suppression de la culture du sexe féminin ! Ils chassent non pas les causes qui font de la femme une malheureuse, mais la femme elle-même. Ils lavent à grande eau, ils donnent un coup de balai. Là-dessus ils vont se coucher. Le lendemain ils sont tout étonnés de retrouver des femmes sur le trottoir !

Ce sont vraiment des as !

On a pu réglementer la rencontre de la foudre et de la terre. Ce règlement s'appelle un paratonnerre.

Aucune loi n'empêchera la rencontre de l'homme et de la femme.

Il est vrai que la Société des Nations n'a pas toujours peur de perdre son temps.

Je vous ai montré la traite des blanches.

Les hommes qui en vivent, les femmes qui n'en meurent pas.

Jusqu'à ce jour, on n'a voulu voir dans cette question que les cas exceptionnels.

Le roman.

Le roman de la jeune fille trompée.

Cela fait une bien belle histoire à faire pleurer les mères.

Ce n'est qu'une histoire.

La jeune fille non consentante sait où s'adresser.

Regardons plus profondément.

Ce n'est pas le roman alors que nous trouvons, c'est le drame.

Drame des petites Polaks.

Drame des petites Franchuchas.

Celles-là baissent la tête. Elles savent le chemin qu'elles prennent.

Elles suivent l'homme du milieu comme un malade le chirurgien.

Le chirurgien va lui faire du mal mais il le sauvera. Peut-être !

Drame de la misère de la femme.

Le ruffian ne crée pas. Il ne fait qu'exploiter ce qu'il trouve. S'il ne trouvait cette marchandise, il ne la vendrait pas. Seulement il sait qui la fabrique.

Il connaît l'usine d'où sort cette matière première, la grande usine : La Misère.

Il est toujours plus facile de s'en prendre aux apparences sensibles.

Quand on parle de la traite des blanches on dit : Ah ! ces hommes qui emmènent ces femmes ! Personne ne s'écrie :

— Ah ! la misère qui conseille à ces femmes de se laisser emmener par ces hommes !

La Misère est comme tous les États. Seuls la connaissent ceux qui l'habitent. Les autres n'y pensent même pas. Et quand parfois ils en parlent, ils le font comme d'un pays qu'ils n'ont jamais vu, c'est-à-dire qu'ils disent de grosses bêtises.

Celles qui ont toujours eu à manger, qui ont toujours su où coucher devraient se coudre les lèvres plutôt que de raconter ce qu'elles auraient fait, ou ce qu'elles n'auraient pas fait dans la misère.

Elles sont comme ces gens de bien qui parlent de la guerre sans avoir été fantassins.

Je ne demande pas des fils de famille pour relever les filles qui sont tombées.

Un monsieur Tolstoï...

Je dis que quatre-vingts pour cent des petites Françaises qui vont consoler les hommes à travers le monde y ont été conduites par le besoin.

On me répondra que je me trompe et que c'est par la paresse.

Bien.

— Alors comment se fait-il (cri d'une dame) que je ne trouve pas d'ouvrière à la journée ?

Bien.

— Il se fait, madame, que le jour où vous avez eu besoin d'une ouvrière à la journée vous n'avez pas pensé de téléphoner cette bonne nouvelle à la petite inconnue qui, d'ailleurs, ne devait pas avoir le téléphone...

Il se fait aussi que vous pouvez attendre huit jours, sans en mourir, une ouvrière à la journée, mais que l'ouvrière à la journée ne peut rester huit jours sans manger.

Il se fait que vous parlez du haut de votre sécurité et que nos petites sœurs sont tombées du haut de leur détresse.

La Paresse ? Parfaitement ! Elle constitue le second lot : vingt pour cent !

Les missionnaires de la Société des Nations qui sont allés se promener au nom de la traite des Blanches...

— Et vous?

— Moi aussi!

... vont conclure au nom de la morale.

Ils vont parler comme dans une chaire de ce que l'on doit faire, de ce que l'on ne doit pas faire, du mal et du bien.

Ils vont parler de ce qui se voit.

Le plus scandaleux, vous l'entendez, ce n'est pas que le mal existe, c'est qu'il se voie! Ils vont dire :

Surveillez les bateaux. Emprisonnez les ruffians.

Après? On a fait tout cela déjà.

Ils vont dire:

Supprimez les maisons.

Et les trottoirs, messieurs?

Sans trottoirs, plus de filles de trottoirs! Voilà une idée j'espère!

Foin de la belle morale!

Ce ne sont pas les maisons, les ruffians, les moulins qu'il faut combattre.

Il s'agit bien d'éteindre des lanternes!

Au contraire, il faut voir clair.

Les filles qui d'instinct s'enrôlent dans le régiment de marche s'y enrôleront toujours, quoi que vous fassiez.

Tant mieux puisqu'il faut des volontaires pour la bataille.

Mais les autres ?

Tant qu'il y aura du chômage.

Tant que des jeunes filles auront froid, auront faim.

Tant qu'elles ne sauront où frapper pour aller dormir.

Tant que la femme ne gagnera pas suffisamment pour se permettre d'être malade.

Pour se permettre même, voyez jusqu'où va sa prétention, de s'offrir un manteau chaud l'hiver.

De faire manger, parfois, les siens. Et son enfant.

Tant que nous laisserons le ruffian se substituer à nous et lui tendre l'assiette de soupe.

Brûlez les maisons, excommuniez leurs cendres. Vous n'aurez fait que du feu et des grands gestes.

La responsabilité est sur nous. Ne nous en déchargeons pas.

FIN

TABLE DES MATIÈRES

ACHEVÉ D'IMPRIMER
LE 25 AVRIL 1930
PAR EMMANUEL GREVIN
A LAGNY-SUR-MARNE

www.ingramcontent.com/pod-product-compliance
Ingram Content Group UK Ltd.
Pitfield, Milton Keynes, MK11 3LW, UK
UKHW020241180726
13839UKWH00001B/99

9 782329 447933